PATY NAMNUN

UN
CORAZÓN
EN EL
DESIERTO

ENCUENTRA **RÍOS DE AGUA VIVA**
EN MEDIO DE LA SEQUÍA ESPIRITUAL

GRUPO NELSON

Desde 1798

Editora en Jefe: *Graciela Lelli*
Edición de contenido: *José «Pepe» Mendoza*
Edición de estilo: *Madeline Diaz*
Diseño interior: *Deditorial.com*
Diseño de la portada: *Nicole Tejera*

ISBN: 978-1-40022-894-2
eBook: 978-1-40022-898-0

21 22 23 24 25 LSC 9 8 7 6 5 4 3 2 1

CONTENIDO

INTRODUCCIÓN

El Señor ha hecho una obra perfecta de redención para liberarnos del pecado y la muerte. Su oferta es de gozo, paz y plenitud. Sin embargo, sin importar cuántos años tengas en la fe cristiana, esta pudiera ser una fiel descripción de cómo percibes tu condición espiritual en algún momento de tu vida o quizás en este mismo momento:

> Recuerdo esos días cuando mi corazón ardía de pasión por Él, no pasaba un día sin que sacara el tiempo para acudir a su Palabra, y cada vez que lo hacía mi corazón se sentía pleno. Mi vida diaria estaba caracterizada por una continua dependencia del Señor en oración, y mi comunión con mis hermanos en Cristo era vibrante y honesta.
>
> Lentamente he visto como todo lo anterior ha comenzado a desaparecer. Mi vida

de oración ya no es la misma de antes, me pesa hablar con Dios y ni siquiera siento que sea tan necesario hacerlo. Mis relaciones se han convertido en una monotonía sin profundidad, donde prefiero hablar de los demás antes que hablar de mi propio corazón. Mi tiempo en la Palabra es cada vez más escaso, y cuando acudo a ella no siento nada y es poco lo que procuro entender y mucho menos aplicar.

La Biblia ya no mueve mis afectos como debería hacerlo, su hermosura y valor no causan nada en mí. No quiero estudiarla, no sé ni cómo acercarme a ella; mi vida de labios honra a Dios, pero mi corazón está muy lejos de Él (Mt 15:8).

Estas temporadas de desierto espiritual suelen suceder en la vida de los creyentes. Y cuando estamos en medio de ellas podemos llegar a sentir que solo nos ocurre a nosotras y que no hay forma de volver a tener una buena relación de intimidad con el Señor. Sentimos que nos hemos ido demasiado lejos y hemos perdido de vista el camino de vuelta a casa.

Todo ese malestar se acrecienta debido a que no nos atrevemos a hablar con otros de lo que estamos viviendo, porque tememos que nuestra fe sea puesta en tela de juicio y nuestro testimonio quede por el suelo. Al final de cuentas, nuestros sentimientos se van alejando cada vez más de lo que es correcto y saludable, y terminamos dejándonos llevar por nuestra apatía.

No sabemos con exactitud qué nos lleva a una temporada de desierto, tendemos a perder de vista las grandes consecuencias que produce nuestra lejanía del Señor, y en la mayoría de los casos, aun si reaccionamos un poco, no tenemos idea de cómo salir del hoyo en el que nos encontramos.

Nuestras almas están tristes y agotadas y, por supuesto, todos los desiertos son inhóspitos y producen una sed inmensa que no sabemos cómo saciar. En medio de nuestra sequía espiritual, quizás lo que hemos estado haciendo es buscar saciar nuestra sed con cualquier cosa que prometa satisfacerla, pero terminan siendo cisternas rotas que no retienen el agua (Jr 2:13), y al final nos sentimos más cansadas y vacías.

Sin embargo, lo que quisiera decirte es que en Cristo tenemos esperanza para esos tiempos de sequía espiritual. Jesús es el agua viva en medio de nuestro desierto y está dispuesto a darnos a beber de Él para que no tengamos sed jamás (Jn 4:10).

En esos tiempos de desierto espiritual, donde nuestras almas se alejan de Dios, hay uno que nos llama y nos invita a acercarnos a aguas refrescantes y abundantes sin costo alguno y sin medida:

Todos los sedientos, vengan a las aguas;
Y los que no tengan dinero, vengan,
    compren y coman.
Vengan, compren vino y leche
Sin dinero y sin costo alguno.
¿Por qué gastan dinero en lo que no es pan,
Y su salario en lo que no sacia?
Escúchenme atentamente, y coman
    lo que es bueno,
Y se deleitará su alma en la abundancia.
Inclinen su oído y vengan a Mí,
Escuchen y vivirá su alma.
Y haré con ustedes un pacto eterno,
Conforme a las fieles misericordias
    mostradas a David [...]
Busquen al SEÑOR mientras puede ser
    hallado,
Llámenlo en tanto que está cerca.
Abandone el impío su camino,
Y el hombre malvado sus pensamientos,
Y vuélvase al SEÑOR,
Que tendrá de él compasión,
Al Dios nuestro,
Que será amplio en perdonar (Is 55:1-3, 6-7).

Mi oración es que este libro pueda servirte para entender el desierto en el que tal vez te encuentres, descubrir las razones que te han llevado ahí y, lo más importante, que al final seas capaz de caminar hacia Aquel que puede hacer brotar ríos de agua viva de tu interior una vez más (Jn 7:38). ¿Me acompañas?

CAPÍTULO 1
El alma en el desierto

La sequía espiritual del alma.

Probablemente la has experimentado más de una vez en tu vida o quizás la estés experimentando ahora mismo. Estamos hablando de ese momento en tu caminar cuando sientes que tu corazón está seco, tu sentido de la presencia de Dios se halla oscurecido y tu deseo de estar con Él se ha agotado. Esas son las temporadas de desierto espiritual.

Día tras día, sermón tras sermón, y sin importar en cuántas actividades religiosas participemos, siempre terminamos sintiéndonos vacías y preocupadas por la brecha que hay entre la persona que deseamos ser y la condición espiritual en la que nos encontramos. Vemos como si la relación con Dios que desearíamos tener, las disciplinas espirituales que quisiéramos practicar y la

13

clase de fe que anhelamos que nos domine estuvieran muy lejos, pero mientras observamos esos anhelos, chocamos con la realidad de nuestra verdadera condición espiritual: un corazón seco y sediento.

En el libro de Salmos encontramos múltiples expresiones de las emociones que pueden llegar a experimentar nuestras almas. Ese libro nos recuerda de manera especial que no estamos solas cuando experimentamos nuestras vivencias más profundas. Grandes hombres de Dios, inspirados por Dios mismo, nos han dejado plasmadas la realidad de un corazón caído y la respuesta misericordiosa del Señor a las calamidades que este enfrenta.

La Palabra nos enseña que «todo lo que fue escrito en tiempos pasados, para nuestra enseñanza se escribió, a fin de que por medio de la paciencia y del consuelo de las Escrituras tengamos esperanza» (Ro 15:4). La Biblia nos provee consuelo y esperanza a través de la provisión divina para cada una de nuestras circunstancias difíciles, incluyendo los tiempos de desierto espiritual.

Uno de los lugares donde podemos hallar esa condición compartida de la experiencia de sequía espiritual es Salmos 42. En este cántico espiritual encontramos la expresión de un corazón que estaba en medio de la opresión y una profunda tristeza y confusión. Considera las palabras del salmo:

Como el ciervo anhela las corrientes de agua,
Así suspira por Ti, oh Dios, el alma mía.
Mi alma tiene sed de Dios, del Dios viviente;
¿Cuándo vendré y me presentaré delante de Dios?
Mis lágrimas han sido mi alimento de día y de noche,
Mientras me dicen todo el día: «¿Dónde
    está tu Dios?».
[...]
Dios mío, mi alma está en mí deprimida;
Por eso me acuerdo de Ti desde la
    tierra del Jordán,

Y *desde* las cumbres del Hermón, desde
    el Monte Mizar.
Un abismo llama a *otro* abismo a la voz
    de Tus cascadas;
Todas Tus ondas y Tus olas han pasado sobre mí.
De día mandará el Señor Su misericordia,
Y de noche Su cántico *estará* conmigo;
Elevaré una oración al Dios de mi vida.
A Dios, mi roca, diré: «¿Por qué me has olvidado?
¿Por qué ando sombrío por la
    opresión del enemigo?».
Como quien quebranta mis huesos, mis
    adversarios me afrentan,
Mientras me dicen todo el día: «¿Dónde
    está tu Dios?».

¿Por qué te desesperas, alma mía,
Y por qué te turbas dentro de mí?
Espera en Dios, pues lo he de alabar otra vez.
¡*Él es* la salvación de mi ser, y mi Dios!
(Sal 42:1-4, 6-11).

Aquí observamos un alma que anhela al Señor, pero pareciera que por alguna razón no puede encontrarlo, la tristeza la inunda de día y de noche, sus momentos de adoración parecen ser solo un recuerdo, y encima de todo esto debe enfrentarse al cuestionamiento de otros sobre dónde está su Dios. Esta es un alma que se encuentra en medio de un desierto espiritual.

Las palabras honestas plasmadas en este salmo nos permiten darle un vistazo a lo profundo del corazón del salmista, y cada una de sus expresiones nos posibilita hacer un diagnóstico de su condición espiritual en ese momento.

Hace varios años mi esposo y yo quisimos celebrar nuestro aniversario con un viaje a otro país. Justo el día en el que íbamos a salir desperté con fiebre alta y un malestar físico como hacía mucho tiempo no sentía. Pensaba que tenía una gripe común y decidí tomar medicamentos para los síntomas y seguir adelante con nuestros planes.

Durante nuestro viaje noté que solo mejoraba ligeramente mientras me encontraba bajo el efecto de los medicamentos, pero cada vez que ese efecto pasaba me sentía peor, hasta que llegó el momento en el que decidimos hablar con nuestro médico, quien luego de la descripción de los síntomas me dijo que estaba seguro de que lo que tenía era dengue.

¡En ningún momento esa enfermedad había pasado por mi mente! Pensábamos que lo que tenía era un virus gripal y así lo tratamos, pero nada funcionaba debido a que desconocíamos lo que realmente estaba ocasionando mis síntomas. No fue hasta que supe lo que tenía que pude tomar el medicamento y poner en práctica las medidas adecuadas que requería la enfermedad.

De la misma manera, en medio de nuestros desiertos hay diferentes manifestaciones que nos pueden servir para establecer un diagnóstico de lo que aqueja a nuestra alma y así darnos cuenta de si nos encontramos en medio de un desierto espiritual. Permíteme compartir contigo algunas de ellas.

- **Apatía por la Palabra.** El salmo nos deja ver la sed profunda del alma del salmista, pero pareciera que esta sed no fuera saciada. Probablemente has sentido lo mismo. En medio de nuestra sequedad podemos encontrarnos yendo a la Palabra, pero no llegamos a tener un encuentro genuino con su autor, de modo que el tiempo en las Escrituras se va convirtiendo en una obligación estéril más que en un deleite fructífero. Cuando esto ocurre, en nosotras se va desarrollando una apatía por la Palabra y nos vamos exponiendo a ella con menos frecuencia, hasta el punto de llegar a pasar períodos largos sin tener un encuentro con el Señor y su Palabra.

- **Sentido de despropósito en la oración.** El salmista dice que elevará una oración al Dios de su vida, pero el contenido de su oración nos deja ver su sentir hacia Dios: «A Dios, mi roca, diré: "¿Por qué me has olvidado? ¿Por qué ando sombrío por la opresión del enemigo?"» (Sal 42:9). Esta es la oración de alguien que sabe que puede clamar a Dios, pero que siente que Él lo ha olvidado. Muchas veces, en medio de los tiempos de sequía espiritual, podemos llegar a pensar que nuestras oraciones son «inútiles», ya que sentimos que Dios no nos escucha, que ha apartado su rostro y nuestras oraciones no pasan del techo. Sentimos que Dios está lejos y nuestras palabras no son suficientes para lograr alcanzarlo o siquiera llamar su atención.

- **Sentido de insatisfacción.** Cuando estamos en medio de una temporada de aridez espiritual podemos llegar a experimentar una profunda insatisfacción en nuestros corazones. Nada nos llena, nada nos satisface, ya que resulta evidente que solo en Cristo se halla la satisfacción de nuestras almas. Sin embargo, como nos encontramos lejos de Él y nuestros corazones están secos, tratamos de calmar nuestra sed con cosas que jamás podrán saciarla y terminamos cada vez más sedientas e insatisfechas.

- **Falta de gozo.** El mismo salmista lo expresó cuando dijo que sus lágrimas habían sido su alimento de día y de noche (v. 3). Una persona cuyo corazón está en una condición de aridez espiritual y que tiene las características anteriores presentes en su vida experimentará una ausencia de gozo, porque está desconectada de su fuente: «El fruto del Espíritu es... gozo» (Gá 5:22).

- **Ausencia de sentido de comunidad.** La vida de comunidad pareciera ser solo un recuerdo para el salmista: «Me acuerdo de estas cosas y derramo mi alma dentro de mí; De cómo iba yo con la multitud *y* la guiaba hasta la casa de Dios, con voz de alegría y de acción de gracias, *con* la muchedumbre en fiesta» (v. 4). Quizás en medio de la sequía de nuestro corazón tenemos el deseo de una vida en comunidad vibrante, pero parece inalcanzable. Nos sentimos tan lejos de Dios que esa lejanía hace que nos vayamos despegando de nuestra familia de la fe debido a nuestra apatía espiritual y a que no nos atrevemos a mostrar la condición actual de nuestro corazón, y tememos que otros puedan llegar a darse cuenta de esa realidad.

Cada una de las características anteriores es una clara evidencia de que nuestras almas se encuentran en medio de un desierto espiritual. No obstante, quisiera llamar tu atención sobre el hecho de que darnos cuenta de esa condición es también una muestra sublime de la gracia de Dios. Poder establecer un diagnóstico espiritual de la condición de nuestras almas es el primer paso para conocer cuál es el tratamiento divino que nuestros corazones necesitan a fin de salir de ese desierto al valle de verdes pastos y aguas de reposo donde el Señor restaura nuestras almas (Sal 23).

En el desierto sin saber que lo estamos

Ahora bien, así como somos capaces de percibir que algo anda mal en nuestra vida y podemos reconocer en nuestro caminar algunas de las características que acabamos de mencionar o todas ellas, en otras ocasiones se presenta un panorama completamente distinto: nos encontramos en medio de una sequía espiritual sin saber siquiera que estamos allí.

En nuestra vida como creyentes, sobre todo cuando llevamos varios años en la fe y estamos involucradas en el servicio y la vida de la iglesia, tenemos la tendencia a pensar que estar ocupadas en las actividades y sirviendo en la iglesia es sinónimo de estar espiritualmente sanas. Este es un terreno peligroso.

El peligro radica en que podemos llegar a confundir «servicio» con «salud espiritual». Aunque nuestro servicio a Dios debe ser una respuesta de adoración proveniente de corazones agradecidos y llenos de amor hacia Él, podemos encontrarnos «sirviendo» sin hacerlo para el Señor. Nuestros corazones desplazan a Cristo del lugar que le corresponde y el servicio se convierte en algo que hacemos para nosotras mismas y es solo apariencia de piedad. Estar activamente envueltas en el «servicio a Dios» puede darnos la idea falsa de que estamos bien en términos espirituales. El problema radica en que nos enfocamos en el «hacer» y descuidamos el «ser», y eso jamás dará buenos frutos. Un corazón que está constantemente dando, pero que no permanece en comunión con su Señor y no recibe alimento constante de la Palabra, terminará secándose.

Marcos nos presenta de la siguiente manera la escena en la que Jesús estaba designando a sus doce apóstoles:

> Después Jesús subió al monte, llamó a los que
> Él quiso, y ellos vinieron a Él. Designó a doce,

para que estuvieran con Él y para enviarlos a predicar (Mr 3:13-15).

¿Pudiste darte cuenta de la prioridad de Jesús? La primera razón por la que Jesús designó a sus apóstoles fue para que estuvieran con Él y luego para todo lo demás relacionado con el servicio. Estar con Él en una relación de intimidad se hallaba por encima del servicio, porque esto era lo que los iba a sostener espiritualmente y los capacitaría para todo lo que tendrían que hacer por el Señor en el futuro.

Otro de los terrenos peligrosos que muchos cristianos transitan sin saberlo es cuando llegan a pensar que están nutridos porque se exponen a la Palabra los domingos o participan en distintas actividades eclesiásticas. No perdernos un servicio o estar presente en cada conferencia no implica que estemos teniendo un encuentro con el Dios de la Palabra. En el mismo sentido, es posible que nos hallemos expuestas continuamente a las Escrituras y que no esté ocurriendo ningún cambio en nosotras, porque solo se trata de teoría que nunca llevamos a la práctica.

El gran drama de muchos cristianos es que pueden estar expuestos continuamente a las Escrituras sin darse cuenta de que sus corazones se han vuelto impermeables a su influencia y poder.

Escuchar la Palabra puede llegar a convertirse en una costumbre y por lo tanto dejamos de prestarle atención. Tratamos las Escrituras como fuente de una información que entra a nuestros oídos, pero nuestras mentes y nuestros corazones se encuentran muy lejos de Dios. Esa religiosidad falsa puede darnos la idea de que estamos bien, porque supuestamente estamos «escuchando» la Palabra con regularidad. Sin embargo, el problema es que terminamos asociando «intimidad» con «actividad».

Quisiera dejar en claro que la Palabra de Dios es alimento para el alma: «Cuando se presentaban Tus palabras, yo las comía; Tus palabras eran para mí el gozo y la alegría de mi corazón» (Jr 15:16). Jesús mismo proclamó: «No solo de pan vivirá el hombre, sino de toda Palabra que sale de la boca de Dios» (Mt 4:4). Sin embargo, cuando un corazón se endurece al atravesar un desierto espiritual, finalmente deja de prestar atención y la Palabra de Dios es dejada a un lado. El Señor dijo por medio de Jeremías que Él le envió su Palabra sin cesar a su pueblo, «pero no me prestaron atención, ni me escucharon» (Jr 35:15).

Sin alimento físico, nuestros cuerpos perecerían en cuestión de días, y sin el alimento espiritual los efectos de la inanición en nuestras almas no se harían esperar. La Palabra de Dios es el maná con el que Dios alimenta a sus hijos para que puedan crecer a la imagen de su Hijo perfecto, Jesucristo.

Si nuestros corazones y nuestra atención se encuentran realmente lejos de la Palabra, aunque pensemos que no es así, nuestras almas se secarán al carecer del alimento espiritual y comenzarán a mostrarse como terrenos áridos que son incapaces de dar frutos.

Necesitamos detenernos con frecuencia en nuestro andar como creyentes y evaluar nuestra vida. Necesitamos considerar nuestros caminos (Hag 1:5) y ver si somos saludables espiritualmente o nos encontramos en medio de la aridez del desierto espiritual.

Sea cual sea el resultado, en Cristo siempre reside nuestra esperanza.

Aquel que está sano no necesita de médico

Si hay algo en lo que no soy buena en absoluto (entre muchas otras cosas), es eligiendo alguna película o serie de televisión. He resuelto no elegir nada ni siquiera para mí, porque entre un mar de opciones nunca me logro decidir. Gracias a Dios mi esposo es todo lo opuesto, así que cuando no puedo elegir, él lo hace por mí y casi siempre me gustan sus elecciones. Sin embargo, una de las razones por las que él elige tan bien por mí es que me conoce y sabe que me encantan las series o películas de suspenso o en las que se solucionan casos criminales.

Una de las cosas que caracterizan a este tipo de series o películas es que se deben observar y reconocer detalles que aparentemente son obvios, pero que si los analizamos bien pueden convertirse en algo extraordinario y terminar trayendo la solución o explicación al caso.

Mateo nos presenta un relato en el que lo obvio termina siendo completamente extraordinario:

> Cuando Jesús se fue de allí, vio a un hombre llamado Mateo, sentado en la oficina de los tributos, y le dijo: «¡Ven tras Mí!». Y levantándose, lo siguió. Y estando Él sentado *a la mesa* en la casa, muchos recaudadores de impuestos y pecadores llegaron y se sentaron *a la mesa* con Jesús y Sus discípulos. Cuando los fariseos vieron *esto*, dijeron a Sus discípulos: «¿Por qué come su Maestro con los recaudadores de impuestos y pecadores?» (Mt 9:9-11).

Mateo era recaudador de impuestos. Eso significaba esencialmente que había trabajado para Roma y que muchos lo consideraran como un traidor. Su posición hacía que se mantuviera distante del resto de la sociedad y las sinagogas. Sus amigos estaban entre el grupo de los «pecadores». Sin embargo, un día ocurrió algo que cambió su historia por completo. Jesús acababa de sanar a un paralítico y perdonar sus pecados, y mientras caminaba vio a Mateo y le dijo: «Sígueme». La respuesta de Mateo fue inmediata: él se levantó y lo siguió.

Mateo dejó todo para seguir a alguien que no tenía siquiera dónde recostar su cabeza. ¿Por qué? Porque el llamado del Señor es irresistible. Jesús le dice al leproso: «Sé limpio», y este queda limpio de inmediato. A la hija de Jairo le dice: «Levántate», y ella se levanta de entre los muertos. Solo una palabra de Jesús es suficiente para que todo lo que Él quiere sea hecho.

Luego de que Mateo siguiera a Jesús, muchos pecadores se sentaron a la mesa con el Maestro y sus discípulos en casa del recaudador de impuestos. Los fariseos lo criticaban porque estaba junto a pecadores. Ellos asumían esa actitud crítica porque estos supuestos religiosos observaban la situación desde el trono de su superioridad moral, pensando que había algo de rectitud en ellos al no asociarse con estos pecadores a los que Jesús sí se acercó. Prestemos atención, porque a través de la respuesta de Jesús viene la observación obvia que se convierte en extraordinaria:

> Al oír Jesús *esto*, dijo: «Los que están sanos no tienen necesidad de médico, sino los que están enfermos. Pero vayan, y aprendan lo que significa: "MISERICORDIA QUIERO Y NO SACRIFICIO"; porque no he venido a llamar a justos, sino a pecadores» (vv. 12-13).

Las palabras de Jesús en este versículo son gloriosas. La verdad expresada por el Señor nos produce un suspiro de esperanza en medio de nuestra condición crítica. ¡Jesús no vino a traer salvación al que está bien, porque nadie lo está! El apóstol Pablo nos enseña que no hay un solo justo que logre la salvación por méritos propios y que la realidad es que no hay una sola persona que busque a Dios (Ro 3). Jesús vino a salvar a pecadores sin esperanza. Él vino a darles vida a esos que están muertos en sus delitos y pecados por medio de su obra y su sacrificio.

¡Pecadores! ¡Cristo Jesús vino al mundo para salvar a los pecadores! Sí, Jesús fue un maestro. Sí, fue un hacedor de milagros. Sí, era un rey. Sí, fue el perfecto ejemplo moral de cómo deberíamos vivir nuestras vidas. Pero si eso fuera todo lo que Él era, no habría esperanza para nosotros, las criaturas caídas que sufrimos de una enfermedad fatal, muriendo física y espiritualmente por la plaga del pecado. Jesús fue y es un Salvador de los pecadores. Es un Salvador que nos amó tanto que bajó para darnos la medicina de Dios para nuestro alivio eterno: el perdón de nuestros pecados.[1]

Quizás este libro se encuentra en tus manos porque sientes que tu corazón está seco, pero no debido a que los ríos de agua viva hayan dejado de fluir, sino porque nunca han estado presentes, ya que la sequía de tu corazón se debe a que necesitas el poder sanador de Cristo al estar muerta en tus pecados (Ef 2:1).

Si ese es el caso, hay esperanza para tu corazón, una esperanza que Él mismo ha provisto: «Pero Dios, que es rico en misericordia, por causa del gran amor con que nos amó, aun cuando estábamos muertos en *nuestros* delitos, nos dio vida juntamente con Cristo [...] Porque por gracia ustedes han sido salvados por medio de la fe, y esto no procede de ustedes, *sino que es* don de Dios; no por obras, para que nadie se gloríe» (Ef 2:4-5, 8-9).

Jesús vino a llamar y salvar a los pecadores. Lo único que necesitas hacer es acercarte en arrepentimiento y reconocerlo a Él como el único Señor y Salvador de tu vida. La obra de Cristo en la cruz es la que nos da nueva vida y hace correr en nosotras ríos de agua viva.

Jesús también es el médico que nos sana de la peor enfermedad, la condenación eterna, pero además es el que sana nuestras dolencias en medio de nuestro caminar como creyentes, porque el pecado y las consecuencias de este mundo caído nos seguirán afectando.

Él atiende las necesidades de nuestros corazones secos. Él puede abrir nuestros ojos, ayudarnos a ver la condición de nuestro corazón, y proveernos la sanidad que nuestras almas necesitan.

Si al leer este capítulo te has dado cuenta de que te encuentras en medio de un desierto espiritual, no pierdas las esperanzas ni te desalientes. Permíteme decirte que estás en el camino correcto para que en tu corazón vuelvan a correr ríos de agua viva. Jesús vino a hacer lo que nosotras no podemos, y Él tiene el poder de transformar corazones secos en ríos abundantes llenos de su presencia.

Si estás en Cristo, el poder de la cruz que te dio vida cuando estabas muerta no ha cambiado. Jesús puede darles vida a huesos secos, y puede sanar y restaurar a aquellos que están espiritualmente enfermos y necesitados de Él.

CAPÍTULO 2

Cómo llegamos hasta allí

*No llegamos a un desierto espiritual
de la noche a la mañana.*

En algunos terrenos ocurre un fenómeno conocido como *sinkhole* o sumidero. Cuando este fenómeno sucede, es como si de repente el suelo se abriera y se formara un hoyo que se traga todo lo que tenga encima: casas, autos, árboles y hasta personas.

A pesar de que a simple vista pareciera que el suelo se abre de repente sin razón alguna, la realidad es que estos *sinkhole* no ocurren de la noche a la mañana.

Estos fenómenos tienen lugar porque debajo de estos terrenos se produce un movimiento de aguas que va debilitando toda el área que sostiene la superficie, hasta el momento en el que no tiene resistencia alguna y colapsa.

Lo interesante de este fenómeno es que ese deterioro no es algo que pueda percibirse desde afuera con facilidad. Sin realizar estudios profundos del suelo, solo podemos darnos cuenta de lo que está sucediendo cuando ya vemos las terribles consecuencias que ese tremendo agujero trae consigo.

De la misma manera, las sequías en nuestros corazones no ocurren de repente y sin razón alguna. No es que hoy tengamos una relación vibrante con el Señor y de pronto, al día siguiente, nos levantemos en un desierto. Hay cosas que van sucediendo subrepticiamente en nuestras vidas y en el momento menos previsto terminan llevándonos a una sequía espiritual.

Estamos hablando, por ejemplo, de diferentes circunstancias difíciles que van desgastando nuestra fe en la medida en que las atravesamos. Poco a poco comenzamos a poner nuestros ojos en nosotras mismas y nuestros sufrimientos, y así vamos perdiendo de vista las verdades esperanzadoras de la Palabra de Dios.

También suele suceder que nos vamos envolviendo en áreas de pecado, y una concesión tras otra nos termina involucrando en una práctica que lentamente nos arrastra a lugares de sequedad.

No podemos dejar de mencionar que del mismo modo el agotamiento físico nos puede ir desgastando y al final quedamos afectadas tanto externa como internamente.

Cada uno de estos caminos puede hacernos terminar en un mismo destino: la sequía espiritual.

El camino de la ceguera

Una de las características espirituales que pueden terminar llevando a alguien a una vida de desierto es la ceguera espiritual. Al final del capítulo anterior hablábamos de cómo la sequía espiritual que alguno puede llegar a experimentar se debe a que los ríos de agua viva nunca han estado presentes en ese corazón, porque está muerto espiritualmente.

Todo aquel que no está en Cristo tiene un alma vacía, y ese vacío clama por ser llenado. Por lo tanto, el no creyente vive en una búsqueda incesante e infructuosa, tratando de llenar ese vacío y así saciar la sed de su corazón.

El problema es que muchas veces la búsqueda para saciar esa sed se hace en lugares incorrectos, en los cuales se encuentran supuestas fuentes que producirán la tan ansiada sensación de saciedad por un momento, pero terminan dejando el mismo vacío y una sed aún mayor. Estamos hablando de fuentes como el dinero, el poder, el sexo, el significado, el éxito, los hijos o relaciones que son realmente cisternas rotas a las que acude una y otra vez el alma sedienta y enceguecida en busca de agua.

El alma vacía y ciega va de una búsqueda a la otra, pero nunca se satisface ni encuentra la verdadera fuente de agua de vida, que es Cristo nuestro Señor. Agustín dijo: «Nos creaste para ti y nuestro corazón andará siempre inquieto mientras no descanse en ti».[1]

El alma vacía, sedienta y en una búsqueda continua no percibe su necesidad real. No es capaz de darse cuenta de que nada creado tiene la capacidad de saciar esa sed interior. La verdad es que un alma que está en medio de una sequía y nunca ha experimentado el fluir de los ríos de agua viva por ella, no sabe dónde saciarse. Solo conoce aquellas cosas debajo del sol, humanas, materiales y temporales, sin darse cuenta de que todo eso es vanidad y correr tras el viento (Ec 1:14).

La ceguera espiritual no deja ver la necesidad real del corazón sediento ni el lugar en el que saciarse. Un creyente que disfruta de la presencia del Espíritu Santo es capaz de percatarse de que la necesidad y la sed de alguien con un alma en esta condición solo pueden ser saciadas por Aquel que provee agua viva.

Jesús le respondió: «Todo el que beba de esta agua volverá a tener sed, pero el que beba del agua que Yo le daré, no tendrá sed jamás, sino que el agua que Yo le daré se convertirá en él en una fuente de agua que brota para vida eterna» (Jn 4:13-14).

A menos que el Espíritu Santo no retire la ceguera espiritual del corazón, el alma vacía jamás buscará por sí misma saciar su sed en el único lugar que puede hacerlo. Sin la intervención de Dios a través de su Espíritu, un alma jamás podrá por sí misma desear comprobar que el Señor es bueno (Sal 34:8).

La ausencia de Cristo en una vida, la incapacidad de ver por causa de la ceguera espiritual y la falta de los ríos de agua viva pueden ser causantes de un alma que sufre en medio de un desierto.

El camino del sufrimiento

Otro camino que puede terminar llevándonos al desierto es el sufrimiento.

La Biblia nos enseña que vivimos en un mundo caído, en el que tarde o temprano el sufrimiento tocará a nuestras puertas: «En el mundo tienen tribulación; pero confíen, Yo he vencido al mundo» (Jn 16:33).

Es indudable que las aflicciones llegarán a nosotras en diversas envolturas y de distintos tamaños: una muerte inesperada, la pérdida de un trabajo, una relación rota, un anhelo insatisfecho... y la lista pudiera continuar.

Podría resultar sorprendente que la Biblia nos llame a experimentar una profunda alegría en medio de situaciones de dolor y sufrimiento, pero esto se debe a que en cada una de estas circunstancias podemos tener la confianza de que Dios está obrando, trabajando en nuestras vidas como si fuéramos metales que son purificados y moldeados por el fuego abrasador de la prueba, pero que jamás salen del cuidado de su buen Señor.

Las pruebas tienen el propósito de hacernos más a la imagen de Cristo, no tienen la intención de dañarnos. Sin embargo, ver las aflicciones de esta manera y lograr encontrar gozo en medio de ellas requerirá que nuestras almas estén ancladas en el Señor y su Palabra. Poder confiar y descansar en Él en medio de las pruebas hará necesario que nuestros ojos estén fijos en su persona y sus verdades. El salmista dice:

«Si Tu ley no hubiera sido mi deleite,
Entonces habría perecido en mi
aflicción» (Sal 119:92).

La vida es dura y muchas veces las consecuencias de vivir en este mundo caído son difíciles de llevar, pero en la Palabra encontramos el consuelo y la esperanza para poder poner nuestros ojos en Cristo en medio de las pruebas y disfrutar de la gracia que nos sostiene e impulsa a seguir adelante sabiendo quién es el que camina y vive en nosotras.

Quisiera decir que todos los cristianos viven bajo la premisa de lo que mencioné en el párrafo anterior, pero no siempre es esto lo que ocurre. Nos encontramos en medio del sufrimiento, nuestras fuerzas se acaban, estamos agotadas emocionalmente y nuestra fe comienza a desgastarse. Hemos estado orando y pidiéndole al Señor que las cosas cambien, pero su respuesta parece no llegar o lo hace de una manera distinta a lo que hemos estado esperando. Entonces comenzamos a escuchar esa voz interior, bien alejada de la verdad, que se pregunta si existe la posibilidad de que Dios se haya olvidado de esta alma en dolor, cuestiona el amor de Dios, va perdiendo el optimismo y ya no piensa que algo bueno saldrá de toda su aflicción. Todo esto hace que comencemos a apartar los ojos de Cristo y nos vayamos sumergiendo en nosotras mismas, en el agujero de nuestro dolor y sufrimiento. Empezamos a ver nuestras circunstancias a través de la lente de nuestro yo y no de la obra del evangelio.

Esto es justamente lo que le ocurre al escritor del salmo en el que hemos estado reflexionando. Él se encontraba en medio de dificultades, y una de ellas era el cuestionamiento de aquellos que estaban con él sobre dónde estaba su Dios (Sal 42:3). Es como si las personas cercanas que vieran nuestro sufrimiento nos dijeran: «Si tú eres hija de Dios, ¿por qué te va mal?». «Si Dios es tu Dios, ¿por qué no te rescata de tu aflicción?».

Por un momento el salmista decidió escuchar estas palabras y dejar que estas ideas, contrarias a la esencia misma de Dios, anidaran en su cabeza. Su respuesta demuestra sus pensamientos: «A Dios, mi roca, diré: "¿Por qué me has olvidado? ¿Por qué ando sombrío por la opresión del enemigo?". Como quien quebranta mis huesos, mis adversarios me afrentan, mientras me dicen todo el día: "¿Dónde está tu Dios?"» (vv. 9-10).

Si en medio de nuestra aflicción dejamos que se vayan introduciendo expectativas incorrectas, si nos dejamos engañar pensando que porque somos creyentes el sufrimiento no debiera tocar nuestra puerta, si creemos que la bondad de Dios se traduce en que Él responde nuestras oraciones de la manera en que queremos, terminaremos teniendo un corazón turbado que cree que Dios lo ha olvidado.

Todo esto trae como consecuencia que perdamos la esperanza y olvidemos las promesas de propósito, sustento, consuelo y compañía que la Palabra nos da en medio de la aflicción, hasta el punto en el que la incredulidad llega a envolvernos y nuestras almas terminan secas en medio de un desierto espiritual. Hemos quitado la mirada del Único que puede saciar nuestra sed y darle sentido a cada una de las situaciones y circunstancias que atravesamos en nuestra vida.

Cuando esto ocurre, terminamos olvidando que las aflicciones del tiempo presente no son comparables con la gloria que ha de venir (Ro 8:18) y nos vamos llenando de amargura, ingratitud y falta de contentamiento. El resultado será, como ya hemos visto, un corazón seco en necesidad de Cristo. El dolor, en lugar de fortalecer nuestro corazón, termina debilitándolo, porque en medio del sufrimiento nos hemos alejado de la fuente de agua viva y hemos perdido de vista la esperanza de la gracia disponible para nuestros corazones en todo tiempo.

El camino de la soledad

El camino de la falta de vida en comunidad es otro sendero que puede terminar llevándonos a una vida de desierto.

El salmo en el que estamos reflexionando presenta una descripción de un alma en medio de una sequía espiritual, un alma con una sed de Dios que parecía no estar siendo saciada:

Mis lágrimas han sido mi alimento de
día y de noche,
Mientras me dicen todo el día: «¿Dónde
está tu Dios?».
Me acuerdo de estas cosas y derramo mi
alma dentro de mí;
De cómo iba yo con la multitud y la guiaba hasta
la casa de Dios,

Con voz de alegría y de acción de gracias, *con* la muchedumbre en fiesta» (Sal 42:3-4).

Los hijos de Coré, a quienes pertenece la autoría de este salmo, eran un grupo de adoradores en el antiguo templo judío del Antiguo Testamento. Es posible que el escritor de este salmo haya sido un líder de la comunidad que guiaba a la multitud al templo en Jerusalén. El salmista nos deja ver que adorar a Dios junto a otros era solo como un recuerdo para su alma.

Por razones que desconocemos, el salmista había sido alejado del templo, del lugar designado para la presencia de Dios y la adoración a Él en ese tiempo:

Dios mío, mi alma está en mí deprimida;
Por eso me acuerdo de Ti desde la
     tierra del Jordán,
Y desde las cumbres del Hermón, desde el
     monte Mizar (v. 6).

El monte Mizar se encontraba en el extremo opuesto del templo. El templo estaba en el sur de Israel y el monte Mizar se hallaba en el norte. El salmista estaba físicamente lejos del lugar de adoración. Se encontraba físicamente lejos de la congregación que adoraba junto a él, de aquellos que iban al templo con una actitud gozosa. La lejanía del templo, la lejanía de la vida en comunidad, había producido sequedad en su alma.

Los creyentes necesitamos entender que la vida de fe no se vive en solitario. No fuimos diseñadas para vivir un cristianismo individual. Los mismos mandamientos, aquellas demandas que la Palabra nos llama a obedecer, solo son posibles en una vida en comunidad. El perdón, el amor, la amabilidad, el ver al otro como superior, son llamados que solo se pueden ejercitar bajo la realidad de que Dios nos diseñó para vivir en comunidad.

Las Escrituras mismas nos dicen que no debemos dejar de congregarnos:

> Mantengamos firme la profesión de nuestra esperanza sin vacilar, porque fiel es Aquel que prometió. Consideremos cómo estimularnos unos a otros al amor y a las buenas obras, no dejando de congregarnos, como algunos tienen por costumbre, sino exhortándonos *unos a otros*, y mucho más al ver que el día se acerca (Heb 10:23-25).

Por muchos años tuve la oportunidad de servir en el ministerio de jóvenes de mi iglesia, y una de las cosas que le causaban más dolor a mi corazón era ver que alguno de esos jóvenes llegaba a la universidad y comenzaba a dejar a un lado a su grupo, las reuniones de discipulado e incluso las reuniones de los domingos, llevando sus almas a una profunda apatía espiritual. El desierto espiritual es el resultado obvio de un abandono de esa naturaleza.

Uno de los primeros pasos hacia la lejanía del Señor y la sequedad de nuestras almas es el distanciamiento de su pueblo.

Cuando la vida en comunidad está ausente, carecemos del ánimo para entregarnos unos a otros, no hay rendición de cuentas, los otros no pueden estar pendientes de nuestras vidas, no estudiamos la Palabra en comunidad, no participamos en la adoración colectiva al Señor, no tenemos la oportunidad de recibir discipulado y no hay exposición a la predicación fiel de la Palabra. Para que un carbón se mantenga encendido necesita estar cerca de otros; si lo aíslas, terminará apagándose.

La ausencia de todo esto terminará produciendo en nuestras vidas una sequedad del corazón que nos conducirá a un desierto espiritual.

El camino del agotamiento

El camino del agotamiento es otro que puede terminar llevándonos al desierto, aunque muchas veces cometemos el error de no considerarlo como un posible causante de la sequía espiritual.

El libro de Salmos está lleno de poesía, en la cual se logran expresar múltiples emociones y situaciones detrás de una sola idea, de un solo verso. Por ejemplo, en el salmo que estamos estudiando el salmista nos dice que sus lágrimas han sido su alimento de día y de noche (v. 3).

Ese corazón se encuentra en medio de una tristeza profunda y una gran debilidad. Podríamos decir que se trata de una persona que no está durmiendo bien y probablemente no se está alimentando como corresponde. Si hay algo que no podemos olvidar, pero tenemos la tendencia a hacerlo, es que somos seres físicos y espirituales. Lo que suceda en un área afectará la otra de alguna manera.

La debilidad física nos hace propensas a la debilidad espiritual. Nuestros cuerpos no son simples caparazones que albergan nuestras almas. No podemos perder de vista que la fragilidad y lo quebrantado de este mundo nos afecta en ambos sentidos, tanto de manera física como espiritual.

En la Biblia encontramos una historia que nos ilustra este punto de manera especial.

Elías era un profeta de Dios en Israel. Su trabajo resultaba bastante duro, ya que le tocaba llevar la palabra del Señor a personas que no tenían ningún tipo de interés en escucharlo, tanto así que algunos llegaron hasta a amenazar su vida.

El libro de Reyes nos presenta a este profeta en medio de una gran batalla en la que por medio del poder de Dios derrota a los profetas de Baal (un dios pagano), demostrándole a todo Israel que hay un solo Dios. No obstante, resulta que este acto poderoso no fue recibido con agrado por la malvada reina Jezabel, así que Elías tiene que huir de ella (1 R 18). Es sorprendente que en el siguiente capítulo encontremos a este gran profeta en una cueva (1 R 19). Después de que Elías viera todo lo que Dios había hecho, luego de que observara el poder de Dios desplegado, podríamos esperar que este hombre tuviera la fortaleza y el ánimo para enfrentar cualquier cosa que viniera por delante... pero esto no fue lo que ocurrió.

El Elías que encontramos luego de tremenda batalla espiritual está cansado y desanimado, hasta tal punto que le pide al Señor que le quite la vida. En medio de todo esto me encanta ver la respuesta de Dios. Al ver a Elías comportarse de esta manera, no le dice: «¡Después de haber visto todo lo que hice estás así! ¿No crees que yo tengo el poder para estar contigo en medio de esta situación también?». Aunque todo lo anterior es cierto, esa no es la forma en que Dios actúa. El Dios que nos encontramos aquí es uno que atiende primero la necesidad física de su siervo exhausto.

Dios le concede dormir (1 R 19:5). Dios lo alimenta y lo hace dormir una vez más (v. 6). Luego lo alimenta otra vez, porque el ángel del Señor le indica que el camino que tiene por delante es demasiado largo (v. 7). Después de que Elías fuera fortalecido, caminó por cuarenta días (v. 8).

Antes de que Dios le diera a Elías su próxima tarea, antes de que incluso se apareciera para hablarle, vemos a Dios teniendo cuidado de su cuerpo, proveyendo para su necesidad física.

Diferentes situaciones en nuestra vida pueden llevarnos al agotamiento: una gran carga laboral prolongada sin tomar en cuenta el descanso de manera intencional, llenarnos de muchas responsabilidades (a veces más de las que Dios mismo quisiera que tuviéramos), o atravesar diferentes etapas de nuestras vidas que son mucho más demandantes que otras. Todas estas circunstancias prolongadas, sin buscar el descanso de manera intencional y cuidar de manera apropiada y sana nuestro cuerpo, pueden terminar llevándonos al desierto espiritual.

Contemplar este aspecto de nuestra realidad como criaturas y las consecuencias de vivir en este mundo caído hace necesario que no dejemos de examinar el aspecto físico de nuestra vida:

- ¿Cómo estás cuidando tu cuerpo?
- ¿Estás durmiendo lo suficiente?
- ¿Te alimentas correctamente?
- ¿Estás haciendo ejercicio?

- ¿Mantienes un equilibrio sano en tus responsabilidades laborales?
- ¿Te encuentras con frecuencia llenándote de compromisos?
- ¿Te cuesta decir que no?
- ¿Es el descanso algo que planificas?

Dios no se fatiga ni se cansa (Is 40:28), pero Él descansó luego de haber terminado toda su creación (Gn 2:2). Obviamente, Dios no necesitaba el descanso, pero que lo hiciera establece un modelo para nosotras.

No quisiera dejar de mencionar en este punto que puede darse el caso de que nos encontremos en un desierto porque estamos en medio de una depresión, en la que una tristeza profunda y la falta de un sentido de propósito y significado caracterizan nuestro día a día. Si ese es tu caso, te animo a que busques ayuda médica y consejería bíblica.

No debemos perder de vista que somos cuerpo y alma. Si descuidamos el cuidado apropiado de nuestro cuerpo, terminaremos viendo las consecuencias en nuestra vida espiritual. Nuestras almas tienen su reposo en Cristo y Él mismo nos provee de medios para el descanso y el cuidado sano de nuestros cuerpos. Debemos cuidar nuestros cuerpos y así honrar a nuestro Dios.

¿No te importa que perezcamos?

Marcos nos presenta un relato que puede resultar muy familiar (Mr 4:35-41).

Jesús había estado todo el día enseñando y sirviendo a otros. Al llegar la tarde, dejaron a la multitud en la orilla y Él y sus discípulos subieron a una barca. A la mitad del camino se desató una gran tormenta. Las fuertes olas se estrellaban contra la barca, hasta el punto que esta se llenó de agua y los discípulos se atemorizaron sin saber qué hacer.

Mientras esta gran tempestad se desencadenaba, Jesús se encontraba en la popa del barco durmiendo sobre una almohadilla. Lo más probable es que estuviera físicamente agotado luego de varios días llenos de acción.

Los discípulos desesperados y llenos de temor lo despertaron y le dijeron: «Maestro, ¿no te importa que perezcamos?» (v. 38). Jesús se levantó, calmó la tormenta y luego de hacerlo les dijo: «"¿Por qué están atemorizados? ¿Cómo no tienen fe?". Y se llenaron de gran temor, y se decían unos a otros: "¿Quién, pues, es Este que aun el viento y el mar le obedecen?"» (vv. 40-41).

Los discípulos estaban en medio de una situación que no podían controlar y les generó un profundo temor. Su problema no fue que acudieran a Jesús en busca de ayuda, sino lo que había en sus corazones: los discípulos pensaban que a Jesús no le importaba la situación o que no tenía cuidado de ellos. En el relato vemos cómo Jesús calma la tormenta y luego les habla al corazón preguntándoles cómo era que no tenían fe.

Ellos habían preferido creerle a su miedo en lugar de al Señor. Ellos ya tenían suficiente tiempo caminando con Jesús, habían visto su poder y, más importante aún, habían visto de primera mano la compasión de su corazón hacia los demás. Sin embargo, en medio de la tempestad, en medio de su cansancio y las circunstancias difíciles, pareciera que habían olvidado todo esto. Olvidaron quién era Aquel que los acompañaba en la barca.

En medio de las circunstancias difíciles, cuando el temor nos arropa o el cansancio se vuelve inaguantable, que nuestra fe no falte. No la fe humana que busca calmarse diciendo que las cosas van a salir como queremos, no la fe en que tarde o temprano nuestros sufrimientos van a terminar, no la fe en que Dios nos dará exactamente lo que le estamos pidiendo, sino la fe en la persona de Jesús. La fe en Aquel que venció al pecado y la muerte. La fe en nuestro Señor del cielo y la tierra, quien nos ofrece ríos de agua viva que sacian nuestra sed para siempre y nos dice que nuestros sufrimientos son leves y pasajeros. La fe en el que está con nosotros en medio de la tempestad y ha prometido que no nos dejará ni nos desamparará (Mt 28:20).

¡Que nuestros ojos nunca se aparten de Él y no olvidemos que Aquel al que los vientos y el mar obedecen es el mismo que puede hacer correr manantiales de agua viva en nuestros corazones sedientos!

CAPÍTULO 3

El camino del pecado

En el capítulo anterior vimos algunos caminos que pueden llevarnos inevitablemente a un desierto espiritual, pero no los mencioné todos. Hay uno más que dejé a propósito para abordarlo de una manera más extensa, porque entiendo que es el que con más frecuencia nos lleva a lugares de desierto y sequía: el camino del pecado.

Para poder entender bien este camino, vayamos hasta el origen mismo del pecado. La Biblia nos enseña que Dios puso a Adán y Eva en una creación que Él había hecho perfecta. Ellos eran los representantes perfectos de Dios, pero lamentablemente decidieron rebelarse y hacer lo que Él les había dicho con absoluta claridad que no hicieran: comer del fruto del árbol que Dios había prohibido.

Cuando Adán y Eva eligieron la desobediencia, destruyeron su relación con Dios, y no solo la de ellos, sino también la de toda la humanidad. A partir de ese momento todos nacemos pecadores, todos elegimos el pecado antes que la obediencia al Señor:

Como está escrito: «No hay justo, ni aun uno; no hay quien entienda, no hay quien busque a dios. Todos se han desviado, a una se hicieron inútiles; no hay quien haga lo bueno, no hay ni siquiera uno» (Ro 3:10-12).

Sin embargo, la historia se pone aún peor. La misma Biblia nos enseña que la paga por el pecado es la muerte, este requiere ser cancelado por completo y el precio no es de ninguna manera barato; producto del pecado se derrama la ira de Dios y se produce la condenación eterna de cada ser humano.

Todos los seres humanos son malos y pecadores. Justamente por causa de nuestro pecado tenemos la tendencia a compararnos con otras personas y decimos: «Por lo menos no soy tan mala como [pon el nombre de alguna conocida], yo nunca haría algo como lo que hizo [pon el nombre de alguna conocida]».

No obstante, nuestra medida no es otra persona, nuestra medida es Dios, y delante de ese Dios justo y recto todos quedamos por debajo del estándar que Él ha establecido.

Hemos quebrantado su estándar y no hay manera de reparar esto con nuestras fuerzas y a través de nuestras buenas obras. Alguien tiene que pagar el rescate que nos libre de la muerte y la condenación. Como no podemos hacerlo por nosotras mismas, Dios hizo todo lo necesario para recibir el pago que su justicia requería y así otorgarnos su perdón. Esto se logró de manera perfecta a través de la obra de Cristo.

Jesús vino a resolver nuestro problema con el pecado, ofreciendo la paga que no podíamos entregar y obteniendo la reconciliación que no podíamos alcanzar. Todo aquel que cree en Cristo, se arrepiente de sus pecados y lo reconoce como Señor y Salvador, obtiene la salvación y logra la reconciliación eterna con Dios solo a través de los méritos de Cristo.

Sin embargo, es importante aclarar lo siguiente. Aunque Cristo con su obra nos libró del castigo por el pecado y resolvió nuestro problema de enemistad con Dios, el pecado sigue siendo algo contra lo que tendremos que luchar mientras estemos de este lado de la gloria.

Lamentablemente, con frecuencia nos acostumbramos a la presencia del pecado en nuestras vidas. En ocasiones simplemente lo minimizamos como parte de nuestra imperfección o solo lo vemos como algo externo que tiene que ver con situaciones específicas. No obstante, la realidad es que el pecado opera desde adentro, es algo que sale de nosotras (Mt 15:17-19).

Hay dos definiciones del pecado que me parecen muy útiles, porque nos ayudan a ver su presencia y realidad en nuestras vidas. Una de esas definiciones fue dada por el pastor John Piper.

Pecado es:

La gloria de Dios no honrada.

La santidad de Dios no reverenciada.

La grandeza de Dios no admirada.

El poder de Dios no alabado.

La verdad de Dios no buscada.

La sabiduría de Dios no estimada.

La belleza de Dios no atesorada.

La bondad de Dios no saboreada.

La fidelidad de Dios no confiada.

Las promesas de Dios no creídas.

Los mandamientos de Dios no obedecidos.

La justicia de Dios no respetada.

La ira de Dios no temida.

La gracia de Dios no celebrada.

La presencia de Dios no apreciada.

La persona de Dios no amada.[1]

Nosotras solemos considerar los pecados basándonos en las consecuencias negativas que tienen sobre nuestras vidas. Sin embargo, una de las cosas más importantes que nos recuerdan esta definición es que todo pecado es una ofensa contra Dios. Santiago nos dice: «Cualquiera que guarda toda la ley, pero falla en un *punto*, se ha hecho culpable de todos. Pues el que dijo: "NO COMETAS ADULTERIO", también dijo: "NO MATES"» (Stg 2:10-12). La razón por la que él muestra la violación de la ley de esta manera es que todos los mandamientos nos han sido dados por Dios. El mismo que nos ordenó no matar es el que también decretó que no cometamos adulterio.

Todo pecado es una violación directa al carácter de Dios. Adulterar o matar nos convierte en transgresoras de la ley, y eso ofende al dador de la misma.

La otra definición es la que le dio Susana Wesley a uno de sus hijos cuando le preguntó qué era el pecado:

Pecado es cualquier cosa que debilite tu razonamiento, altere la sensibilidad de tu conciencia, oscurezca tu apreciación de Dios, o te quite la pasión por las cosas espirituales. En pocas palabras, cualquier cosa que aumente el poder o la autoridad de la carne sobre tu espíritu [...] eso para ti se convierte en pecado, independientemente de cuán bueno sea en sí mismo».[2]

Ya que el pecado es una violación al carácter mismo de Dios, en la medida en la que nos vamos sumergiendo en la desobediencia nuestro sentido de la presencia santa de Dios se va oscureciendo, nuestra mente se debilita y pierde discernimiento, y el poder de la carne va aumentando y el del Espíritu se va apagando.

La realidad del pecado siempre nos lleva a una bifurcación donde se nos presentan dos caminos que nos llevan a lugares muy distintos. Uno nos lleva al perdón y la restauración a través del arrepentimiento y el otro nos lleva a la sequía espiritual a través del camino del pecado.

Cuando decidimos tomar el camino del pecado, la sed se acrecienta cada vez más y terminamos buscando saciar nuestra sed en aguas insalubres que solo nos hacen más daño.

Un amor que nos deja sedientos

A mí se me hace difícil tomar agua. Lo sé, lo sé, el agua es buena y muy necesaria para mi salud. Aunque trato de hacer mi mejor esfuerzo en lo que respecta a tomarla, con frecuencia no siempre lo logro. Sin embargo, a pesar de que el agua no me gusta, hay momentos en los que experimento una sed que a veces intento saciar con jugos o sodas, pero termino quedando más sedienta, pues solo el agua pura y cristalina puede saciar la sed.

La sequía espiritual llega a nuestros corazones cuando bebemos de fuentes contaminadas en lugar de beber de los ríos de agua viva de Dios, que rebosan y están disponibles para nosotras (Sal 65:9).

Cuando ignoramos el camino del arrepentimiento y decidimos continuar por el camino del pecado, nunca saciaremos la sed de nuestra alma y terminaremos con un corazón seco y cada vez más envuelto en el pecado.

La realidad del pecado en nuestra vida es algo complejo, pero resulta necesario que lo entendamos. Lo primero que debes considerar es que el pecado es un problema de amor. Nosotras pecamos porque amamos pecar, y esto es verdad por duro que parezca. Si el pecado no nos fuera atractivo, entonces no tendría poder sobre nosotras. Esa es la razón por la que la Biblia nos enseña que somos tentadas por nuestras propias pasiones internas (Stg 1:14). Cuando pecamos no es porque no amamos a Cristo, sino porque amamos otras cosas por encima de Él.

Pecamos debido a que otro amor domina nuestro corazón, pero es un amor que hiere, ofende a Dios, nos daña y finalmente nos vuelve más sedientos. El pecado nos lleva a lugares de desierto espiritual.

Todo lo creado tiene la intención de señalarnos al Creador, no de hacer que nuestro corazón encuentre su total plenitud en ello. Cada vez que amamos a lo creado en lugar de al Creador, estamos amando algo por encima de Dios. Eso, sin importar lo que sea, es pecado.

¿Hay algo en tu vida que estés amando más de lo que amas a Cristo? ¿Existe algún área de pecado personal que se haya vuelto una práctica en la que has estado hundiéndote cada vez más?

Quizás sea la ira que se manifiesta porque tienes cero tolerancia con los demás y reaccionas de formas inapropiadas con mucha facilidad, amando más tu sentido de justicia que a Aquel que es verdaderamente justo.

Quizás se trate del chisme, el cual se ha vuelto una costumbre en tu vida a medida que divulgas información sobre los demás, amando más tu deseo de entrometerte en la vida de otros o encontrar aprobación que a Aquel que genuinamente controla todo y en cuya obra has sido aprobada.

Quizás sea el orgullo, un amor desmedido por ti misma que te lleva a creerte mejor que los demás, amándote por encima de Dios.

Quizás estás en medio de una relación de infidelidad en la que te has mantenido por un largo período de tiempo sin ningún tipo de arrepentimiento, amando la satisfacción o la seguridad que crees encontrar en esa relación por encima de la santidad y la plenitud de Dios.

Sin importar cuál sea la práctica de pecado en la que nos encontremos, lo que necesitamos es ir delante de Dios en arrepentimiento, pidiéndole al Señor que nos perdone, restaure y nos regrese a la dirección correcta que glorifica su nombre. El pecado puede llevarnos al desierto por largos períodos de tiempo, haciéndonos beber de otras fuentes insalubres que jamás nos saciarán y solo terminan alejándonos cada vez más del Señor. Y mientras más lejos estamos de Él, más débiles nos volvemos en términos espirituales.

Tentaciones en la aridez

Un maratonista italiano quedó atrapado en el desierto del Sahara durante el Maratón des Sables en Marruecos (Maratón de las Arenas, en francés) en el año 1994. Mientras Mauro Prosperi estaba en el proceso de recorrer los doscientos cincuenta kilómetros de la competencia, una tormenta de arena causó que se extraviara y terminó alejándolo de la multitud hasta encontrarse perdido.

Luego de treinta y seis horas, Prosperi se quedó sin comida y agua en pleno desierto del Sahara. Después de nueve días comiendo murciélagos y serpientes para sobrevivir y habiendo perdido cuarenta libras (casi diecinueve kilos) fue rescatado y llevado al hospital.

Lo mismo sucede en un desierto espiritual. Si falta el alimento para nuestras almas, languideceremos y en medio de nuestra necesidad terminaremos alimentándonos de cualquier cosa que nos pase por delante. Cuando llegamos al desierto por el camino del pecado y decidimos tercamente mantenernos allí, la deshidratación espiritual nos irá debilitando, el poder de la carne aumentará, y las pasiones de nuestro corazón, de las cuales vienen las tentaciones, se harán más latentes. Una vida en esa condición de deterioro espiritual será más propensa a caer definitivamente.

Satanás es el enemigo de nuestras almas y a través de cada tentación cuestiona lo que Dios ya nos ha dicho en su Palabra, presentándonos la oportunidad de encontrar por medios ilegítimos que Dios ha vetado aquello que solo el Señor puede darnos.

Eso fue exactamente lo que hizo con Eva al poner en duda las palabras de Dios: «¿Conque Dios les ha dicho: "No comerán de ningún árbol del huerto"?» (Gn 3:1). Satanás le hizo creer a Eva que su satisfacción estaba justamente en aquello que Dios les había prohibido... y ella le creyó.

Satanás trató de hacer lo mismo con Jesús: «Y acercándose el tentador, le dijo: "Si eres Hijo de Dios, ordena que estas piedras se conviertan en pan"» (Mt 4:3). ¿Cómo que «si eres Hijo de Dios»? Él puso en tela de juicio lo que solo unos pocos versículos antes, cuando Jesús fue bautizado, Dios el Padre declaró desde el cielo: «Este es Mi Hijo amado en quien me he complacido» (Mt 3:17). El astuto Satanás no siempre empieza con mentiras, sino que comienza con preguntas peligrosas. «Si esto es realmente cierto...». J. D. Grear dijo:

La táctica de Satanás en nuestras vidas es romper el control que la Palabra de Dios tiene sobre nosotros. Entonces, toma lo que Dios ha declarado y lo pone en duda. Satanás pone signos de interrogación en tu vida donde Dios ha puesto puntos.[3]

Sin embargo, Satanás hace algo más. Él no solo pone en duda lo que Dios ya nos ha dicho y luego viene con sus mentiras, sino que también aprovecha el momento oportuno. El tentador aprovecha los momentos en los que somos más débiles para lanzar el anzuelo de la tentación.

Eso es exactamente lo que hizo con Jesús, aunque Satanás no tuvo victoria alguna en este caso. Jesús había estado ayunando en el desierto por cuarenta días y el tentador se apareció justo cuando Él tenía hambre y estaba físicamente débil (Mt 4:2-3).

Satanás aprovechó la debilidad física de Jesús para tentarlo en medio de su necesidad. No obstante, a diferencia de nosotras, Jesús fue tentado, pero jamás cometió pecado alguno. Cuando nosotras estamos en medio de un desierto espiritual producto de estar envueltas en una práctica de pecado, somos muy propensas a caer en tentación. Y aunque la tentación por sí sola no es pecado, terminar cayendo en ella sí lo es.

El libro de Santiago nos muestra cuán destructiva es la tentación: «Cada uno es tentado cuando es llevado y seducido por su propia pasión. Después, cuando la pasión ha concebido, da a luz el pecado; y cuando el pecado es consumado, engendra la muerte» (Stg 1:14-15).

Nuestras pasiones nos seducen, y cuando esa seducción tiene éxito, viene el pecado que trae muerte y destrucción. Continuar en el camino del pecado no debe ser tomado a la ligera. A veces como creyentes cometemos el error de coquetear con el pecado como si tuviéramos la capacidad de jugar con fuego sin quemarnos, perdiendo de vista que continuar en el pecado siempre nos llevará a caer en una espiral descendente de más pecado.

El rey David experimentó varios sucesos importantes en su vida que Dios quiso que conociéramos. Uno de ellos nos muestra claramente las graves consecuencias que trae darle rienda suelta a nuestro pecado:

Aconteció que en la primavera, en el tiempo cuando los reyes salen *a la batalla*, David envió a Joab y con él a sus siervos y a todo Israel, y destruyeron a los amonitas y sitiaron a Rabá. Pero David permaneció en Jerusalén. Al atardecer David se levantó de su lecho y se paseaba por el terrado de la casa del rey, y desde el terrado vio a una mujer que se estaba bañando; y la mujer era de aspecto muy hermoso. David mandó a preguntar acerca de aquella mujer.

Y alguien dijo: «¿No es esta Betsabé, hija de Eliam, mujer de Urías el hitita?». David envió mensajeros y la tomaron; y cuando ella vino a él, él durmió con ella. Después que ella se purificó de su inmundicia, regresó a su casa. Y Betsabé concibió; y envió aviso a David diciéndole: «Estoy encinta» (2 S 11:1-5).

El pecado de David no termina con esa consecuencia dramática, sino que desde allí cae en una espiral descendente de más y más pecado. Cuando David supo que Betsabé había quedado embarazada, trató de cubrir su pecado trayendo a Urías de la batalla de vuelta a su casa para que se acostara con su esposa Betsabé y así pensara que ese bebé era su hijo. Sin embargo, Urías era un hombre muy noble y no podía concebir estar con su esposa mientras sus compañeros se encontraban en la batalla. De modo que él pasó la noche fuera de su casa.

El plan de David no funcionó, pero en lugar de arrepentirse y dar marcha atrás, buscó otra manera de encubrir su pecado. El rey hizo arreglos para que mataran a Urías en la batalla. Finalmente, no solo pecó él, sino que también hizo pecar a sus generales, a los cuales convirtió en cómplices de la muerte de Urías al dejarlo solo en el frente de batalla. La Biblia nos dice: «Cuando pasó el luto, David mandó traerla a su casa, y ella fue su mujer; y dio a luz un hijo. Pero lo que David había hecho fue malo a los ojos del Señor» (2 S 11:27). Parecía que David se había salido con la suya, pero el Señor siempre tiene la última palabra.

David, en lugar de tomar el camino del arrepentimiento, eligió el camino descendiente del pecado. Mientras más lo transitaba, más seca se volvía su alma y más oscurecido estaba su sentido de Dios. David escribe Salmos 32, en el cual nos deja ver que mientras encubría su pecado, su cuerpo se consumía, la mano de Dios pesaba sobre él, y su fuerza se debilitaba como al calor del verano.

El pecado nos engaña...

Se presenta como nuestro amigo, pero es nuestro enemigo mortal.

Pretende ofrecer satisfacción, pero nos deja vacíos.

Se muestra inofensivo, pero nos corroe por completo.

Te dice que no llegarás más lejos, pero su plan es arrastrarte al hoyo más profundo.

Te hace pensar que es algo solo íntimo y personal, pero terminará dañándote a ti y a todos los que pueda contigo.

Por más atractivo que sea, por más que tu carne lo quiera, huye, porque al final el camino del pecado es uno de muerte y destrucción. Un camino que lleva al más duro desierto espiritual.

El camino del pecado siempre traerá consecuencias

De Dios nadie se burla (Gá 6:7). Es muy peligroso pensar que nuestras acciones no tendrán consecuencias. Pensar de esta manera nos llevará a pequeñas concesiones dañinas para nuestra vida. Un pecado tras otro, una mala decisión tras otra, mientras nos vamos diciendo: «Eso no es tan malo como pensaba». «Solo será por esta vez». «Al final esto no le hará daño a nadie». Pequeños pasos que terminan llevándonos a lugares desérticos en los que no queremos estar. La verdad es que nadie se desmorona en un solo día.

Paso a paso, pecado tras pecado, el corazón se va endureciendo y secando, porque el pecado siempre pasará la factura. Cada cosa que hacemos, cada pecado que cometemos, traerá consecuencias a nuestra vida. Permanecer en el camino del pecado terminará llevándonos al desierto y nos hundirá cada vez más en la profunda sequía de nuestra alma. Las consecuencias siempre llegarán tarde o temprano. Necesitamos ver el pecado como lo que realmente es, un enemigo mortal que solo terminará trayéndonos destrucción, muerte y desolación.

El pastor Miguel Núñez elaboró lo que llamó «Las 10 leyes del pecado»[4] con la intención de ayudarnos a ver cuán dañino es el pecado:

Primera ley: El pecado te llevará más allá de donde pensabas llegar. Decimos: «Es que solo pienso llegar hasta aquí». O afirmamos: «Créeme que todo está bajo control». Sin embargo, lo que estaba bajo control termina controlándote a ti. A su tiempo controlará tu corazón, y lo que controla tu corazón controlará también tus emociones y por último toda tu mente. Tu vida quedará sometida al pecado.

Segunda ley: El pecado te alejará por más tiempo de lo que habías pensado. Decimos: «Es solo un par de días...», pero los días se convierten en semanas, las semanas en meses y en muchas ocasiones en años.

Tercera ley: El pecado te costará más de lo que querías pagar. Te costará tu integridad, tu reputación, tu paz. Puede llegar a costarte tu cónyuge, tus hijos, tus amigos, tu trabajo, tu ministerio y tu iglesia.

Cuarta ley: Pecas a tu manera, pero tienes que regresar a la manera de Dios. Él determina los términos de tu regreso y sus caminos pueden ser largos y difíciles. La restauración del pecador es un proceso.

Quinta ley: El pecado engendra pecado. Una vez que pecas, te ves en la necesidad de pecar nuevamente para encubrir tu primera falta.

Sexta ley: El pecado te lleva a justificar lo que has hecho. El peso de la culpa y la necesidad de lucir bien ante los demás te llevará a explicar y luego a justificar tu pecado. Ahora pecarás como una forma de justificación.

Séptima ley: El placer es efímero y temporal, pero las consecuencias del pecado son duraderas. El placer que te produce el pecado en el que incurres es de mucho menor duración que las consecuencias que te acarrea haber pecado.

Octava ley: No hay pecado oculto que Dios no ponga de manifiesto. Cristo lo expresó con estas mismas palabras en Mateo 10:26; Marcos 4:22; Lucas 8:17 y Lucas 12:2.

Novena ley: Mi pecado comienza cuando yo quiero, pero las consecuencias comienzan cuando Dios quiere.

Décima ley: Nadie se burla de Dios. «No se dejen engañar, de Dios nadie se burla; pues todo lo que el hombre siembre, eso también segará» (Gá 6:7).

El camino del pecado siempre traerá destrucción, nos llevará al desierto y nos hará permanecer en él más tiempo del que quisiéramos. Lo bueno es que aun en medio de nuestros peores pecados tenemos esperanza en Cristo, Aquel que cargó el castigo que merecíamos de modo que pudiéramos hallar nuestra paz y por cuyas heridas somos sanados (1 P 2:24). Nuestro Señor Jesús es el amigo redentor de los pecadores.

Amigo de pecadores

Charles Spurgeon, el famoso pastor que le predicaba a una congregación de cinco mil personas cada domingo, también estableció un colegio de pastores que existe hasta el día de hoy. Una característica famosa de la experiencia académica era algo a lo que él llamó «The question oak» (El roble de las preguntas). Spurgeon tenía un árbol grande en su residencia en el cual, cuando había buen clima, se reunía con sus estudiantes los viernes por la tarde para que le hicieran preguntas que terminaban en sermones espontáneos.

En una ocasión memorable, Spurgeon le pidió a un estudiante que expusiera un mensaje sobre Zaqueo. El estudiante se levantó y dijo: «Zaqueo era de pequeña estatura, yo también. Zaqueo estaba subido a un árbol, yo también. Zaqueo bajó y yo también». Luego el estudiante se sentó mientras los otros estudiantes, liderados por Spurgeon, aplaudían.[5]

Muchos conocen la historia de Zaqueo. Quizás la escuchamos cuando éramos niñas y la recordamos como la historia chistosa de aquel pequeño hombre que se subió a un árbol para ver a Jesús. Sin embargo, la historia de este hombre tiene más que ofrecernos que solo risas y canciones infantiles, porque tú y yo, como dijo el joven predicador, somos iguales a Zaqueo.

Zaqueo era un hombre de pequeña estatura que resultaba conocido por su profesión más que por su tamaño. Él era jefe de los recaudadores de impuestos y rico. La fama de este hombre no era para bien, ya que su profesión y la manera inmoral en que era ejercida causó el odio de muchos a su alrededor.

Lucas nos relata que este hombre de mala fama quería ver a otro que también era conocido por muchos, pero de una forma diferente (Lc 19). Zaqueo sabía que Jesús estaba a punto de pasar por su ciudad y quería ver a este hombre de quien todos hablaban y a quien las multitudes seguían. Como era pequeño, no le resultaba fácil verlo entre la multitud, así que decidió subirse a un árbol.

¿Por qué querría Zaqueo ver a Jesús? Aunque el pasaje no lo dice, pudiéramos pensar que quizás se enteró de lo que sucedió con Mateo, cobrador de impuestos como él, quien al ser llamado por Jesús lo dejó todo al instante para seguirlo (Mt 9:9-13).

Es posible que Zaqueo se sintiera insatisfecho y seco. Sus riquezas y placeres nunca lo llenaban. Como muchos en la actualidad, él estaba siempre buscando algo más que pudiera saciar su sed espiritual.

Zaqueo era un hombre cuya vida estaba caracterizada por la corrupción. Nadie jamás hubiese imaginado que este hombre quisiera ver a Jesús. Sin embargo, lo que Zaqueo nunca se imaginó era que Jesús quisiera verlo a él, y no solo verlo, Jesús también deseaba tener un encuentro verdadero con Zaqueo.

Mientras Jesús pasaba por el lugar en el que Zaqueo se encontraba, miró hacia arriba y le dijo a este recaudador de impuestos que bajara rápido, porque se quedaría en su casa.

¿Te imaginas la sorpresa de este hombre? Y no solo de él, sino también de todos los que estaban a su alrededor. Jesús había mirado a Zaqueo y lo llamó por su nombre. Él sabía que era un pecador. Jesús tenía una cita divina con Zaqueo, un encuentro propiciado por la providencia soberana de Dios desde antes de la fundación del mundo, el último encuentro de Jesús antes de los sucesos de la crucifixión y su entrada a Jerusalén. No obstante, este encuentro era además importante por algo más.

Jesús tuvo un encuentro anterior a este con otro hombre rico que no quiso dejar sus riquezas para seguirlo. Esta fue su reacción: «Mirándolo Jesús, dijo: "¡Qué difícil es que entren en el reino de Dios los que tienen riquezas! Porque es más fácil que un camello pase por el ojo de una aguja, que el que un rico entre en el reino de Dios". Los que oyeron esto, dijeron: "¿Y quién podrá salvarse?". "Lo imposible para los hombres es posible para Dios", respondió Jesús» (Lc 18:24-27).

La historia de Zaqueo es la evidencia palpable de que algo considerado como «imposible» para los humanos estaba a punto de suceder por el poder y la misericordia de Dios.

Zaqueo bajó inmediatamente del árbol y con gozo recibió a Jesús. Este hombre que estaba sumido en grandes pecados, que había estado poniendo su identidad y buscando su satisfacción en aguas contaminadas, fue encontrado por el Amigo y Redentor de los pecadores.

La salvación llegó a la vida de Zaqueo y la aceptación que experimentó de parte de Dios le dio lo que sus riquezas o placeres nunca pudieron darle.

La vida de Zaqueo fue transformada por Aquel que lo miró y lo llamó por su nombre. Esa transformación se hizo evidente de manera inmediata: «Pero Zaqueo, puesto en pie, dijo a Jesús: "Señor, la mitad de mis bienes daré a los pobres, y si en algo he defraudado a alguien, *se lo* restituiré cuadruplicado"» (Lc 19:8).

Zaqueo encontró en Jesús la satisfacción y la plenitud que su alma necesitaba. Un alma que se encuentra genuinamente con los ríos de agua viva deja a un lado las aguas contaminadas que por tanto tiempo la han mantenido en el desierto seco.

Ese mismo Jesús que miró a Zaqueo y trajo salvación a su vida es Aquel que, si eres creyente, hizo lo mismo por ti, y si no lo eres, puede ofrecerte ahora mismo salvación y restauración. Jesús sigue viniendo a nosotras a pesar de nuestro pecado. Él es Aquel que aun en medio de nuestras peores faltas, en medio de nuestros pecados más horrendos y aun cuando todos los demás nos han dado la espalda, nos mira, nos llama por nuestro nombre y nos invita a estar con Él, ofreciéndonos su perdón. Debido a que solo Jesús sacia, solo Él nos llena, pues solo en Él nuestras almas pueden estar completas y con ríos de agua viva corriendo en ellas.

Si Jesús te está llamando por tu nombre, si percibes que te está mirando en ese lugar en el que te hallas hoy, entonces sal con gozo a encontrarlo y recibe el perdón y la gracia que puede llenar tu corazón.

CAPÍTULO 4

Volver a Dios

Mi esposo y yo hemos tenido mascotas desde el principio de nuestro matrimonio. Nuestra primera perrita juntos fue una chihuahuita negra llamada Susy, que todavía está con nosotros. Resulta que un día yo me encontraba en la cocina preparando la cena y algo de lo que estaba cocinando se cayó en un espacio que había entre la estufa y la pared. Sin dudarlo un segundo, Susy, mi aspiradora personalizada, fue a tratar de comerse lo que se había caído y se metió en ese espacio del que luego ya no pudo salir.

Al verla desesperada tratando de salir, comencé a ayudarla. Se me ocurrió la no tan increíble idea de jalarla, pero no pude liberarla, ya que estaba atascada. En medio de mi desesperación, llamé a mi esposo, quien tuvo una idea mucho más inteligente y lógica que la mía: mover la estufa hacia el otro lado.

Al estar desesperada, terminé olvidando aquello que resultaba elemental y que era lo único que iba a lograr sacar a mi perrita del atascamiento en el que se encontraba.

Así como ocurrió con Susy, en medio de nuestra desesperación por salir de las temporadas de desierto espiritual terminamos a veces olvidando lo esencial: necesitamos volver a Dios.

En Lucas nos encontramos con una historia que probablemente has escuchado antes, la parábola del hijo pródigo (Lc 15). Quisiera contarla con mis propias palabras:

Había un hombre que tenía dos hijos, y el menor de los dos decidió que quería que su padre le entregara la parte de su herencia que le correspondía, por lo que el padre así lo hizo. Días después, el hijo menor tomó todo lo que tenía y se fue a tierras lejanas, donde malgastó sus bienes viviendo perdidamente. Justo cuando el hijo había gastado todo lo que tenía, llegó una gran hambruna en aquel país y él comenzó a pasar hambre. En medio de su necesidad este hijo terminó apacentando cerdos y deseando llenarse el estómago de las algarrobas que comían éstos, pero nadie le daba nada. En medio de su gran necesidad, el hijo volvió en sí y recordó cuán bendecidos eran incluso aquellos que servían a su padre, por lo que decidió volver a él, reconociendo que no era digno de llamarse su hijo.

Y aquí viene lo hermoso de la historia: «Levantándose, fue a su padre. Cuando todavía estaba lejos, su padre lo vio y sintió compasión *por él*, y corrió, se echó sobre su cuello y lo besó. Y el hijo le dijo: "Padre, he pecado contra el cielo y ante ti; ya no soy digno de ser llamado hijo tuyo". Pero el padre dijo a sus siervos: "Pronto; traigan la mejor ropa y vístanlo; pónganle un anillo en su mano y sandalias en los pies. Traigan el becerro engordado, mátenlo, y comamos y regocijémonos; porque este hijo mío estaba muerto y ha vuelto a la vida; estaba perdido y ha sido hallado". Y comenzaron a regocijarse» (vv. 20-24).

Delante de Dios, todas nosotras somos como este hijo. Decidimos tomar nuestra «herencia terrenal», todo lo que el Señor nos ha dado, y lo usamos para gastarlo en nosotras mismas y poner otras cosas en lugar de Dios. Al final, como ya hemos dicho, terminamos secas, porque nada fuera de Él puede saciarnos.

En esta parábola vemos cómo el hijo decide regresar a su Padre, pero su regreso no es para buscar más dinero y luego volver a su vida egoísta y seguir gastándolo en sus placeres. El pasaje de Lucas nos dice que el hijo volvió en sí, esto quiere decir que se dio cuenta de lo que había hecho, pudo percibir la realidad de sus pecados y decidió regresar arrepentido, reconociendo que lo había perdido todo y en realidad no merecía nada. En esta parábola vemos cómo el hijo tenía el plan de volver como uno de los sirvientes de su padre, ya que no se consideraba digno de regresar como su hijo. Sin embargo, el plan del padre era completamente distinto.

Cuando el hijo está ya cerca de la casa, el padre lo ve de lejos y corre a recibirlo. ¡Un patriarca corriendo! El padre de familia, probablemente ya un hombre mayor y dueño de una gran propiedad, decidió recoger su túnica, poner sus piernas en movimiento, y salir corriendo a encontrarse con su hijo para abrazarlo y besarlo. Mientras el hijo intenta comunicarle su plan, el padre lo interrumpe y ordena que lo vistan con las mejores ropas. De seguro que el padre se estaba refiriendo a una de sus propias túnicas. Este hijo decidió solo volver a su padre reconociendo que no merecía nada, pero el padre cubrió sus harapos y su pobreza con su propia ropa de honor.

¡Qué gloriosa esperanza nos provee esta historia al saber que el padre es nuestro Dios! Aquel que nos ama y que en medio de nuestros pecados espera que volvamos a Él, nos invita a acercarnos, y al hacerlo Él se acerca a nosotros (Stg 4:8).

Nuestro Dios nunca nos pierde de vista y por eso nos ve regresando de nuestro vagar por el mundo alejado de Él, siente una profunda compasión por nosotros y nos sale al encuentro.

El amor y la gracia de Dios en Cristo son suficientes para perdonar cualquier pecado que hayamos cometido, cualquier cosa que nos haya mantenido lejos de Él. No importa si es una infidelidad, no importa si has estado envuelta en mentiras, si has estado engañando a otros o engañándote de distintas formas, si te has mantenido envuelta en pecados de fornicación, o si has permanecido ensimismada en la vanidad de tu propia apariencia.

El hijo menor sabía que en la casa de su padre iba a encontrar comida de sobra, pero al regresar también aprendió que en su padre había suficiente gracia para cubrir sus pecados. No hay mal alguno que el gran amor de nuestro Padre no pueda cubrir en Cristo, no hay pecado que su gran misericordia no pueda alcanzar y perdonar, porque Jesucristo pagó por todos nuestros pecados en la cruz del calvario.

Volver a Dios es lo que necesitamos hacer cuando hemos estado alejadas en el desierto espiritual de nuestro corazón.

¿Por qué podemos volver a Él?

Cuando nos sentimos heridas por alguien, sin importar cuánto apreciemos a esa persona, nuestra tendencia natural es alejarnos, ¿no es cierto? En diversas ocasiones yo misma me he encontrado en medio de una relación quebrantada, donde las cosas ya no son igual que antes y terminamos muy alejados. Es por eso que necesitamos iniciar un proceso de reconciliación.

En medio de esta tendencia que es propia de nuestra naturaleza, a veces pensamos que con Dios las cosas funcionan de la misma manera. Hace un tiempo tuve la oportunidad de conversar con una joven que estaba atravesando una temporada de desierto por distintos pecados en los que había permanecido, y una de las cosas que ella me decía era que no sabía cómo volver a reconciliarse con Dios.

Sus palabras estaban cargadas de dolor. El peso de pensar que tenía la responsabilidad de reconciliarse con Dios era una carga que ni ella ni nosotras podemos sobrellevar. Solemos ser como Adán y Eva, que prefirieron esconderse del Señor antes que ir en su búsqueda. Sin embargo, aun en esa historia aprendemos que fue Dios quien comenzó la búsqueda de la pareja... y supo encontrarlos.

Permíteme quitarte un peso de tus hombros: Si eres creyente, no necesitas reconciliarte con Dios, porque Jesús ya lo hizo por ti, y esa permanencia de tu reconciliación hace posible que puedas volver a Él.

Porque si cuando éramos enemigos fuimos reconciliados con Dios por la muerte de Su Hijo, mucho más, habiendo sido reconciliados, seremos salvos por Su vida. Y no solo *esto*, sino que también nos gloriamos en Dios por medio de nuestro Señor Jesucristo, por quien ahora hemos recibido la reconciliación (Ro 5:10-11).

Tener que reconciliarnos con Dios es una carga que no tenemos que llevar, porque Cristo la llevó por nosotras. Nosotras éramos enemigas de Dios, pero el Señor mismo nos reconcilió consigo mismo por medio de la muerte de su Hijo. Esa reconciliación por su gracia es para siempre, porque no depende de nosotras en lo absoluto.

Aquellos pecados que nos llevan a lugares de desierto nos alejan de Dios, a quien ofendemos y entristecemos, pero no hacen que perdamos nuestra amistad con Él, porque la misma está garantizada por medio de Cristo. No causan que Dios nos voltee el rostro, aunque nos exhortará al arrepentimiento, porque Él ya derramó su ira sobre Cristo para no tener que hacerlo con nosotras nunca más.

Lo vuelvo a repetir. Tú no necesitas lograr la reconciliación con Dios, porque eso Él lo logró en la cruz del Calvario. Jesucristo dijo: «¡Consumado es!», y esta es una verdad que sostiene toda nuestra realidad como cristianas. Somos reconciliadas por siempre mediante la obra de Jesucristo. Si en medio de nuestro pecado volvemos a Dios para buscar su reconciliación, esto será posible, pues ya fuimos reconciliadas y nuestro estado de hijas de Dios nos garantiza que Él siempre esté mirándonos de frente, aunque nosotras le hayamos dado la espalda.

Es importante que haga la siguiente aclaración. A pesar de que nunca más seremos enemigas de Dios, estar reconciliadas con Él por siempre no quiere decir que podemos seguir pecando deliberadamente y que no hay nada que se requiera de nuestra parte para volver al Señor.

No debemos ignorar nuestro pecado, porque Dios no lo hace. Es cierto que Él no nos toma en cuenta nuestras transgresiones para condenación, pero como ya hemos visto, el pecado siempre tiene consecuencias dolorosas para nuestras vidas; y aunque Dios no nos voltea el rostro, nosotras sí nos alejamos de Él y el Espíritu Santo se entristece (Ef 4:30).

No tenemos sobre nosotras la carga de reconciliarnos con Dios, porque por la obra de Cristo nuestro estado de reconciliación no cambia, pero sí tenemos el llamado a acudir en arrepentimiento delante de Él. La promesa del Señor es que, por su gracia, tenemos garantizado que recibiremos perdón y limpieza, porque «si confesamos nuestros pecados, Él es fiel y justo para perdonarnos los pecados y para limpiarnos de toda maldad» (1 Jn 1:9).

En esto radica nuestra esperanza: no importa lo grande de nuestro pecado y lo lejos que hayamos estado, si volvemos a Él arrepentidos, nuestro Padre celestial nos recibe, nos perdona y nos limpia, porque la sangre de Cristo ya ha comprado nuestro perdón, libertad y reconciliación eternos.

Quisiera recalcar que nuestra reconciliación con Dios es únicamente obra del Señor. Dios es el mensajero y el creador del ministerio y el mensaje de la reconciliación:

> Y todo esto procede de Dios, quien nos reconcilió con Él mismo por medio de Cristo, y nos dio el ministerio de la reconciliación; es decir, que Dios estaba en Cristo reconciliando al mundo con Él mismo, no tomando en cuenta a los hombres sus transgresiones, y nos ha encomendado a nosotros la palabra de la reconciliación (2 Co 5:18-19).

Dios es el motor de cada aspecto de la reconciliación mencionado en estos versos: esta procede de Dios, Él nos da el ministerio, Él estaba reconciliando al mundo en Cristo, Él no tomó en cuenta las transgresiones de los seres humanos, y Él nos encomendó la palabra de la reconciliación. Como ya hemos dicho, nuestra reconciliación con Dios no es algo que nosotras podemos conseguir por nuestros propios medios. Por el contrario, es algo que Dios mismo ha hecho. Sin embargo, Dios no solamente nos reconcilia con Él, sino que también nos llama a llevarles ese mensaje de reconciliación a otros.

El ministerio de la reconciliación no le dice a una persona: «Ven y haz las paces con Dios», sino: «Ven, porque en Cristo Dios ha hecho las paces contigo». ¡Qué gloriosa noticia!

Si estamos en Cristo, cada una de nosotras ha sido receptora de esa reconciliación inconmovible, y lo mejor que podemos hacer (lo cual constituye nuestro llamado) es llevar ese precioso mensaje de reconciliación a otros.

A aquellos que son creyentes y en su pecado se han alejado de Dios, les llevamos el mensaje de que en Cristo hemos sido reconciliadas para siempre y ni siquiera nosotras podemos cambiar esta verdad. Debido a que estamos reconciliadas para siempre, nuestro Padre celestial nos recibe en arrepentimiento, nos perdona y nos limpia.

A aquellos que no conocen a Cristo, les llevamos el mensaje de que Cristo Jesús vino al mundo a salvar a los pecadores y a reconciliar nuestra enemistad con Dios a través de su muerte y resurrección. En Él tenemos perdón, en Él tenemos redención y reconciliación.

Gloria a Dios por nuestra reconciliación eterna. Gloria a Él por el privilegio de ser sus embajadoras y llevar el gran mensaje de la reconciliación que hemos recibido ya en Cristo.

Arrepentimiento y perdón

Como acabamos de ver, nuestro alejamiento en el desierto espiritual no cambia nuestra posición en la familia de Dios. Dios no separa a sus hijos pecadores de su familia cuando pecan, como tampoco tú repudias a tus hijos cuando desobedecen. Gloria a Dios por la obra de Cristo que garantiza nuestro estado como hijas de Dios. Ahora bien, así como necesitamos recordar esta gran verdad, también debemos entender que aunque el pecado no rompe nuestro estado como hijas, sí afecta nuestra comunión con Él. El pecado entristece a Dios, rompe su corazón y nos lleva a alejarnos de Él y entrar a un desierto espiritual.

Sin embargo, aun en medio de nuestros desiertos podemos volver a Dios, pero necesitamos hacerlo en sus términos: a través del camino del arrepentimiento.

Probablemente has escuchado a alguien haciendo una ilustración de cómo se ve el arrepentimiento: una persona que va en una dirección se detiene y comienza a caminar en dirección opuesta. Definitivamente, el arrepentimiento requiere que nos detengamos de seguir caminando en la dirección a la que nos llevaba nuestro pecado y nos volvamos en dirección a Dios. No obstante, hay algo más que necesitas contemplar, y es el papel que juega nuestro corazón, porque allí radica la esencia misma del arrepentimiento.

El profeta Joel nos dice: «"Aun ahora", declara el Señor, "vuelvan a Mí de todo corazón, con ayuno, llanto y lamento. Rasguen su corazón y no sus vestidos". Vuelvan ahora al Señor su Dios, porque Él es compasivo y clemente, lento para la ira, abundante en misericordia, y se arrepiente de infligir el mal» (Jl 2:12-13).

El Señor le está haciendo un llamado al pueblo de Israel a regresar a Él de todo corazón, y esto se demostraría con ayuno, llanto y lamento por sus pecados, rasgando sus corazones en lugar de sus vestiduras.

En el Antiguo Testamento se observaba con frecuencia que alguien se rasgaba las vestiduras para expresar dolor o indignación. Sin embargo, más que en una expresión externa, Dios siempre se ha interesado en lo que sucede dentro del corazón. El mismo David nos recuerda que el corazón que Dios no desprecia es el arrepentido y humillado delante de Él (Sal 51). Una persona que vuelve a Dios siempre requerirá de un corazón arrepentido.

Sin embargo, hay algo con lo que debemos tener cuidado, porque puede ser causa de confusión. Podemos llegar a confundir el sentimiento de remordimiento con el verdadero arrepentimiento. El remordimiento es ese sentido de pesar que nos queda luego de que hemos pecado, pero que no necesariamente implica un corazón arrepentido, dolido delante del Señor por el pecado y dispuesto a enmendar su camino.

Considera algunas diferencias entre el arrepentimiento y el remordimiento:

- **El arrepentimiento está enfocado en Dios. El remordimiento se enfoca en mí.**

El remordimiento que a veces nos envuelve en medio de nuestro pecado es uno que mantiene el enfoque en nosotros y no en Aquel que genuinamente fue ofendido y deshonrado: Dios.

El remordimiento se duele por las consecuencias del pecado o la deshonra que pueda traer a nuestro propio nombre, mientras que el arrepentimiento se duele porque el nombre de Dios ha sido manchado. No quiero ser simplista, sin duda las consecuencias de nuestro pecado deben dolernos, pero el asunto con el remordimiento es que se enfoca solo en el dolor de las consecuencias y pierde de vista al Dios santo contra quien ha sido llevada a cabo la transgresión.

- **El arrepentimiento viene de Dios. El remordimiento muchas veces involucra una culpa que viene del acusador.**

La Palabra misma nos enseña que Dios concede el arrepentimiento (Ro 2:4), pero el sentimiento de remordimiento que mantiene un dedo acusador contra mí no viene de Dios, sino del acusador de nuestras almas (Ap 12:10). El remordimiento que nos acusa olvida la

UN CORAZÓN EN EL DESIERTO

esencia misma del evangelio, que en Cristo somos justificados y no hay nadie que pueda acusar a los escogidos de Dios. Por el contrario, el arrepentimiento nos lleva a ver que la gracia en Cristo nos perdona y nos limpia de nuestros pecados.

- **El arrepentimiento me lleva a cambiar. El remordimiento me mantiene revolcándome en mi pecado.**

  Una de las características esenciales del arrepentimiento es el cambio de conducta. Un corazón genuinamente arrepentido dará «frutos dignos de arrepentimiento» (Mt 3:8), y esos frutos se verán en una vida que ha dejado a un lado la práctica del pecado. Por el contrario, el remordimiento nos llevará a revolcarnos en nuestro propio pecado, a traerlo a nuestra mente una y otra vez hasta con una gran pena, pero sin cambio alguno.

¿Cómo tener un corazón arrepentido?

Sabemos que necesitamos arrepentirnos, pero si eres como yo, la próxima pregunta que puede venir a tu mente es cómo conseguir ese arrepentimiento genuino. Ya que el arrepentimiento es más que un cambio externo de nuestra conducta y no es lo mismo que tener remordimiento, hay algunas cosas que necesitamos considerar para tomar este camino de vuelta al Señor.

1. Recuerda que eres pecadora y procura ver cómo estás pecando.

El apóstol Pablo nos enseña que no hay nadie justo, todos los seres humanos somos pecadores (Ro 3:10). Recordar esta verdad es esencial para tomar el camino del arrepentimiento, porque desde el principio me lleva a reconocer que debido a mi condición de pecadora, hay cosas que haré o dejaré de hacer que, tal como lo dice el significado etimológico de la palabra pecado, van a «errar el blanco» de la santidad de Dios. Recordar esta verdad me llevará a mantenerme vigilante ante la presencia del pecado e irá creando en mí un corazón dispuesto a buscar pronto el perdón de Dios en Cristo a través del arrepentimiento.

Además de reconocer que somos pecadoras en un sentido general, también debemos demostrar este reconocimiento de manera específica. Parte esencial del camino del arrepentimiento es poder identificar cuál es el pecado o los pecados por los que debo arrepentirme de manera específica. Si nos mantenemos viendo el pecado solamente como algo general, no podremos darnos cuenta de qué manera específica estamos deshonrando a Dios. Por lo tanto, será muy difícil que podamos arrepentirnos.

Si no examinamos nuestro corazón y toda nuestra vida para ver en cuáles pecados nos encontramos envueltas, no lograremos conocer las inclinaciones de nuestro corazón. Por lo tanto, nuestra lucha contra el pecado será como dar golpes al aire. Acostúmbrate a hacerte la pregunta: «¿Cuáles son los pecados por los que necesito arrepentirme?».

2. Ora por arrepentimiento.

La Biblia nos enseña que Dios es el que nos da el arrepentimiento (2 Ti 2:25). Quizás te encuentras en medio de una práctica de pecado y aunque sabes que lo que estás haciendo está mal, vuelves a ese pecado una y otra vez, porque el arrepentimiento no se ha producido en tu corazón.

Nunca podrás liberarte si lo intentas hacer con tus propias fuerzas. Como creyentes, estamos llamadas a caminar en total dependencia del Espíritu. Genuinamente separadas de Él nada podemos hacer (Jn 15:5). Como lo he venido repitiendo una y otra vez, Dios es el que les concede el arrepentimiento a nuestros corazones pecadores. Es la bondad de Dios la que nos guía al arrepentimiento (Ro 2:4). Así que te corresponde orar, clamar al Señor reconociendo tu debilidad, tu imposibilidad de remediar tu situación. Ora pidiéndole que te conceda un corazón arrepentido por tu pecado, un corazón que pueda ser capaz de ver la bondad de Dios en

Cristo, y que esa bondad te lleve a un cambio de corazón que produzca un cambio en la dirección de tu vida, del desierto espiritual a los preciosos valles de delicados pastos donde el Señor mismo nos pastorea.

3. Confiesa tu pecado.

El director de películas Woody Allen afirma ser ateo. En una ocasión le hicieron la pregunta: «En caso de que Dios existiera y ese Dios pudiera hablar contigo, ¿qué es lo que más te gustaría escucharle decirte?». Allen respondió: «Si existiera un Dios que pudiera hablar conmigo, lo que más desearía escuchar de Él son estas dos palabras: eres perdonado».[1]

El apóstol Juan, siendo ya muy anciano, escribió que la única manera en la que pudiéramos llegar a escuchar las palabras «Eres perdonado» es cuando primero decimos las palabras «He pecado» (1 Jn 1:9). La actitud correcta y permanente del cristiano frente a su pecado debe ser de confesión.

Confesar nuestro pecado implica que estamos reconociendo delante de Dios que todo lo que Él ha dicho sobre el pecado es verdad. Confesar nuestro pecado es admitir nuestra culpa. La confesión a la que la Biblia nos llama no es simplemente la que ocurriría si nos encontraran en medio de nuestro pecado y pidiéramos perdón, pero con un corazón dispuesto a hacerlo otra vez si no hubiese sido descubierto.

La confesión que Dios busca es la que viene de un corazón que ha reconocido que esa acción, palabra o pensamiento es pecado delante de Él y deshonra su Nombre.

Dios mismo nos garantiza que al confesar nuestro pecado encontraremos perdón y limpieza. No hay perdón ni transformación sin confesión.

Esa confesión debe ser a Dios en primer lugar, pero hay pecados en los que necesitaremos confesarnos a otros, ya sea porque las implicaciones les afectan o porque necesitamos su apoyo en nuestra lucha contra ese pecado en particular.

4. Verifica que te lamentas por las razones correctas.

El arrepentimiento siempre implicará lamento por nuestro pecado, pero ese lamento debe ser por las razones correctas.

Recuerdo vívidamente un momento en mi adolescencia en el que me encontraba enferma y mi abuela (quien junto a mi mamá cuidaba de mí y mis hermanos) entró a mi habitación para ver cómo estaba y yo le respondí con desprecio, porque no quería que me atendiera. Cuando ella salió de la habitación comencé a sentirme emocionalmente horrible. Dios me hizo ver que había herido a alguien que me amaba y que simplemente estaba cuidando de mí. Lamentablemente, lo que debió terminar en arrepentimiento y perdón terminó en orgullo y silencio.

Todo pecado es contra Dios, y un corazón arrepentido se duele principalmente porque ha ofendido a un Dios santo y bueno cuyos mandamientos son para su gloria y nuestro bien.

5. Procura que tu corazón aborrezca ese pecado.

Thomas Watson, el famoso puritano inglés del siglo XVII, dijo que hasta que el pecado no nos sepa amargo, Cristo no será dulce para nosotras. En nuestro caminar como creyentes debemos cultivar un corazón que vea a Cristo dulce y al pecado amargo. La forma en la que logramos esto es conociendo cada día más a nuestro Señor. Mientras más conozcamos a nuestro Dios, más lo amaremos, y cuando el amor de Cristo sobreabunde y nos controle, ningún otro amor lo hará (Fil 1:9).

Cada vez que enfrentes la tentación de volver a ese pecado, recuerda lo que ha causado en tu vida y lo que Cristo tuvo que pagar para que no te siga haciendo daño.

6. Cambia de ruta.

Sería tonto darnos cuenta de que estamos yendo en dirección contraria a nuestro destino y decidir seguir por el mismo camino. El arrepentimiento genuino nos lleva a cambiar de ruta. Esto podría en muchos casos tomar tiempo, pero un arrepentimiento genuino me va a llevar definitivamente al camino del cambio.

Las Escrituras nos dicen que no solo debemos arrepentirnos, sino que también debemos apartarnos activamente de los pecados que cometemos (Ez 14:6). El arrepentimiento genuino va acompañado de un cambio de corazón, pero esto no quita que debamos ser radicales con nuestro pecado y tomar las medidas que sean necesarias para evitarlos.

Si estás en medio de una relación pecaminosa, parte del cambio de ruta sería poner límites y cortar esa relación de raíz. Si tu lucha es con el chisme, entonces necesitarás cambiar de ruta evitando las conversaciones que involucren hablar de otros solo por el deseo pecaminoso de compartir información que no nos corresponde.

El pecado siempre requerirá medidas de seguridad que contribuyan al cambio de dirección.

7. Recuerda la gracia.

Dios no te ama menos porque te has alejado de Él y ahora estás sumida en un desierto espiritual. Tu corazón seco y alejado no cambia su amor hacia ti. Las aguas estancadas de las que has estado bebiendo no impiden que los ríos de agua viva de nuestro Dios estén disponibles. En medio de tus pecados, recuerda que Cristo, solo por su gracia, ha pagado un enorme precio por cada uno de ellos y ha hecho posible el perdón y la limpieza de tu corazón. Cristo no solo paga el precio por nuestros pecados, sino que también es nuestro abogado delante del Padre (1 Jn 2:1). Cuando el pecado llega y nos acusa, Él presenta sus alegatos de defensa y da cuenta delante de Dios de su obra a nuestro favor.

La gracia de nuestro Dios abre la puerta para que emprendamos con libertad el camino del arrepentimiento de vuelta a Dios.

El hombre rico

Marcos nos presenta a un hombre que hoy reconoceríamos como un empresario exitoso, uno al que le había ido muy bien materialmente y que al parecer había alcanzado muchos logros, pero que tenía una inquietud en su corazón para la cual necesitaba una respuesta: «Maestro bueno, ¿qué haré para heredar la vida eterna?» (Mr 10:17). Este hombre acude al Maestro pensando que iba a poder alcanzar cualquier cosa que Jesús requiriera. Seguramente estaba acostumbrado a lograr lo que se propusiera y esta era una cosa más en su lista de metas por alcanzar.

Algo que este hombre hace es llamarle a Jesús «bueno». Llamarle «bueno» a un maestro o a cualquier otra persona era algo sin paralelo en la cultura judía. Quizás por eso Jesús responde a su pregunta con otra interrogación (muy típico de nuestro Señor): «¿Por qué me llamas bueno? Nadie es bueno, sino solo uno, Dios» (v. 18).

93

Con esa respuesta en forma de pregunta está tratando de mostrarle que haberlo llamado «bueno» era reconocerlo como Dios y por lo tanto darle toda autoridad.

Jesús continua: «Tú sabes los mandamientos: "NO MATES, NO COMETAS ADULTERIO, NO HURTES, NO DES FALSO TESTIMONIO, NO DEFRAUDES, HONRA A TU PADRE Y A TU MADRE"» (v. 19).

Este hombre escucha lo que Jesús le dice y sus palabras revelan el sentido de superioridad de su corazón al responder: «Todo esto lo he guardado desde mi juventud» (v. 20). Imagínate la escena. Este hombre está delante de Aquel que conoce cada uno de nuestros pensamientos, uno que conoce toda nuestra historia y conocía muy bien la suya. Justamente, a aquel que conoce cada uno de sus pecados, le dice que todos esos mandamientos los ha obedecido desde su juventud, cuando definitivamente esta no podía ser la realidad.

Sin embargo, Jesús no le responde reprochándole y enumerándole cada una de las veces en las que había violado los mandamientos. Nuestro compasivo Señor «Jesús, mirándolo, lo amó» (v. 21). ¡Lo amó! Aun en medio de sus pecados, aun en medio de su creencia equivocada de que lo había hecho todo bien, aun cuando Jesús sabía todo lo que este joven había hecho, Él lo amó. Sin embargo, la gracia y compasión de Jesús no se quedan en solo una mirada de amor, Él le hace otro requerimiento: «"Una cosa te falta: ve y vende cuanto tienes y da a los pobres, y tendrás tesoro en el cielo; entonces vienes y me sigues". Pero él, afligido por estas palabras, se fue triste, porque era dueño de muchos bienes» (vv. 21-22).

¿Por qué Jesús le pide eso? ¿No parece ser una solicitud demasiado drástica? Jesús conocía muy bien a este hombre y sabía que su materialismo ocupaba el lugar de Dios en su corazón. Esa era la razón por la que este hombre estaba en una perpetua transgresión del primero de los mandamientos: el llamado de Dios a no tener otros dioses. Lamentablemente, no estaba dispuesto a dejar a un lado su materialismo, porque no estaba dispuesto a acercarse a Dios según sus términos.

Tú y yo somos a veces como este rico. Aunque a diferencia de él podamos gozar de la salvación, aún después de haber sido salvos nuestro corazón podría dejarse dominar por otros amores. En ocasiones Jesús nos deja ver nuestro pecado y nuestro corazón se entristece, no por el dolor de estarle fallando a Él, sino porque no queremos renunciar a eso que ha ocupado el lugar de Dios en el centro de nuestro corazón.

¿Qué pecado domina tu corazón y ha desplazado a Dios del lugar que le corresponde? Sin importar cuál sea ese pecado, Jesús te ama, pero quiere que regreses a Él según sus términos. Él quiere todo tu corazón, porque nadie puede servir a dos señores (Mt 6:24). Jesús es el Señor de todo o de nada. Sea cual sea el pecado que haya estado dominando tu corazón y te haya mantenido en lugares de desierto, vuelve al Señor en arrepentimiento. Él te sigue mirando con amor, nunca te ha perdido de vista, y promete perdonarte y limpiarte de tu maldad. ¡Vuelve a Él!

CAPÍTULO 5

Necesitamos de otros

Si hay algo que no concuerda con los valores populares de la actualidad es la dependencia. Muchas voces suenan a nuestro alrededor tratando de llevarnos a vivir una individualidad extrema en la que no dependamos de nadie, a pensar que necesitar o aun prestarle atención a otros es una muestra de debilidad y que tener cercanía o rendir cuentas es una amenaza para nuestro espacio personal. Esas voces, que llevan un compás muy distinto al orden de Dios, cada día suenan más y más fuertes, y lamentablemente los creyentes les estamos prestando mucha atención.

Los seres humanos hemos sido creados para vivir en comunidad. Aun los que reclaman la individualidad más extrema no viven en una isla desierta, sino que optan por las grandes ciudades donde aprovechan lo que los demás les pueden ofrecer. A diferencia de lo que podemos sentirnos tentadas a creer con respecto a nuestras relaciones con los demás, Dios ha diseñado a su iglesia para que sea una comunidad en la que sus miembros dependan los unos de los otros como un solo cuerpo, del cual Él es la cabeza. Este llamado a una vida en comunidad se hace aún más necesario en medio de las temporadas de desierto espiritual.

El apóstol Pablo nos muestra de manera clara el diseño de Dios para vivir unos con otros a través de una larga descripción de lo que significa ser parte del cuerpo de Cristo:

> Porque así como el cuerpo es uno, y tiene muchos miembros, pero, todos los miembros del cuerpo, aunque son muchos, constituyen un solo cuerpo, así también es Cristo. Pues por un mismo Espíritu todos fuimos bautizados en un solo cuerpo, ya judíos o griegos, ya esclavos o libres. A todos se nos dio a beber del mismo Espíritu.
>
> Porque el cuerpo no es un solo miembro, sino muchos. Si el pie dijera: «Porque no soy mano, no soy *parte* del cuerpo», no por eso deja de ser *parte* del cuerpo. Y si el oído dijera: «Porque no soy ojo, no soy *parte* del cuerpo», no por eso deja de ser *parte* del cuerpo. Si todo el cuerpo fuera ojo, ¿qué sería del oído? Si todo fuera oído, ¿qué sería del olfato?
>
> Ahora bien, Dios ha colocado a cada uno de los miembros en el cuerpo según le agradó.

Y si todos fueran un solo miembro, ¿qué sería del cuerpo? Sin embargo, hay muchos miembros, pero un solo cuerpo.

Y el ojo no puede decirle a la mano: «No te necesito»; ni tampoco la cabeza a los pies: «No los necesito». Por el contrario, la verdad es que los miembros del cuerpo que parecen ser *los* más débiles, son *los más* necesarios; y las *partes* del cuerpo que estimamos menos honrosas, a estas las vestimos con más honra. *Así que* las *partes que consideramos* más íntimas, reciben un trato más honroso, ya que nuestras *partes* presentables no *lo* necesitan. Pero *así* formó Dios el cuerpo, dando mayor honra a la parte que carecía de ella, a fin de que en el cuerpo no haya división, sino que los miembros tengan el mismo cuidado unos por otros. Si un miembro sufre, todos los miembros sufren con él; *y si un* miembro es honrado, todos los miembros se regocijan con él (1 Co 12:12-26).

Pablo usa la metáfora del cuerpo para llevarnos a entender la hermosura de la iglesia y hasta qué punto Dios nos ha diseñado para vivir en unidad. La iglesia de Cristo no funciona como un grupo de individuos que andan por su propia cuenta y sin ningún tipo de relación.

En el tiempo que escribo este libro he comenzado a sufrir de unos mareos extraños. Hay ciertas posiciones y movimientos que realizo con mi cabeza que me producen una sensación de que estoy en una caída sin fin. Mientras realizaba las consultas médicas para investigar el origen de estos mareos, aprendí que el equilibrio de nuestro cuerpo está dirigido principalmente por algo que se conoce como el sistema vestibular del oído, que se encuentra en el oído interno. Allí tenemos una especie de líquido que cuando se mueve manda señales al cerebelo, el cual se encarga de que nuestro cuerpo se equilibre. Cuando hay alguna interferencia en esta área del oído, nuestra estabilidad se afecta.

Lo interesante es que cuando esta pequeña área se ve afectada, se desarrolla una especie de consecuencias en cadena: perdemos la estabilidad y esa pérdida de estabilidad nos puede causar malestar en la cabeza, en el estómago, pérdida momentánea de la visión, y aun debilidad en nuestras extremidades. Es increíble cómo una pequeña parte en nuestro oído puede llegar a afectar diferentes funciones de nuestro cuerpo. Dios diseñó nuestro cuerpo para que cada uno de sus miembros estuviera conectado, y eso mismo hizo con su cuerpo, la iglesia.

Pablo nos muestra que lo que ocurre con nuestro cuerpo físico ejemplifica de manera precisa lo que ocurre en el cuerpo de Cristo. Dios nos diseñó para que tengamos cuidado los unos de los otros, nos sirvamos mutuamente, y suframos y nos gocemos con los miembros de la familia de la fe.

Por ejemplo, si una de nuestras manos es aplastada en un accidente, todo nuestro cuerpo sentirá el dolor. Si quedara dañada de forma permanente, todo el cuerpo tendría que ajustarse para suplir sus funciones de alguna manera. Del mismo modo, si nuestra mano está bien, todo el cuerpo recibe los beneficios.

Cuando tratamos de llevar vidas autónomas en extremo como promueve la cultura contemporánea, ignorando la verdad del diseño mismo de Dios para nuestras vidas, nos vamos a encontrar actuando y siendo afectadas de varias formas.

- **Evadimos la vida en comunidad:** Como no queremos ayuda de otros y pensamos que podemos pasar por el desierto solas, comenzamos a evitar relaciones profundas con otros creyentes.

- **Ocultamos nuestra verdadera condición:** En nuestras interacciones con los demás vivimos en una continua pretensión de que todo está bien en nuestras vidas, cuando la realidad puede ser muy distinta.

- **Actuamos sin consideración.** Es posible que en medio de nuestra vida de autonomía extrema nos encontremos actuando sin respeto y consideración hacia los demás y terminemos viviendo en total oposición al llamado de ver al otro como superior a nosotras mismas (Fil 2:3).

- **Terminamos drenadas.** No buscar la ayuda de otros cuando genuinamente la necesitamos hace que llevemos solas las cargas que Dios mismo quiere que compartamos con los demás. Al final, terminamos agotadas y drenadas física, emocional y espiritualmente.

La iglesia de Cristo, de la cual somos miembros por la salvación obtenida en Cristo, fue diseñada para vivir en una relación de interdependencia, en donde el dolor de otros nos duele y sus necesidades son las nuestras. Estas son relaciones donde el pecado no es encubierto y hay espacio para la confrontación y la reconciliación. Una vida en unidad con otros es esencial para vencer la aridez de nuestros corazones en medio del desierto espiritual. Sin embargo, siempre hay obstáculos de este lado de la gloria que dificultan profundizar nuestras relaciones en unidad. No obstante, si no tenemos cuidado de nuestros propios corazones, en lugar de cultivar la unidad pudiéramos encontrarnos en alianza con los ladrones que la destruyen.

Ladrones de la unidad

Veamos a continuación algunas áreas de pecado que con frecuencia están presentes en nuestras vidas y son un obstáculo para una vida en unidad.

Orgullo

Somos débiles y frágiles, y aunque esta es una verdad que conocemos y vemos vívidamente en nosotras, no nos gusta admitirlo tanto como deberíamos, sino que más bien tratamos de llevar nuestras vidas de comunidad con la misma superficialidad de los típicos encuentros de pasillos:

—¡Hola! ¿Cómo estás?

—Todo bien, gracias a Dios.

—¡Me alegro mucho!

Es seguro que hay personas a nuestro alrededor que se acercan con el genuino deseo de saber cómo va nuestra vida, personas que pudiéramos decir que son cercanas, pero en lugar de actuar con sinceridad y hasta cierta vulnerabilidad, respondemos con caretas de bienestar y frases cliché, cuando por dentro quizás nos estamos haciendo pedazos. No nos gusta compartir nuestras luchas, no queremos dejar ver que estamos sufriendo... y menos aún que otros conozcan los pecados con los que lidiamos. Vivimos pretendiendo, pero las pretensiones son aspiraciones irreales y hasta mentiras que nunca han llevado a nadie a cambiar.

La Biblia nos llama a llevar las cargas los unos de los otros (Gá 6:2), y para lograrlo se requiere que estemos atentos a las dificultades de los demás y aprendamos a compartir las nuestras. No hay manera de que otros puedan ayudarnos en nuestra debilidad si no estamos dispuestas a abrir nuestros corazones y pronunciar las palabras: «Necesito tu ayuda». Sin embargo, las cosas nunca son tan sencillas como parecen. Siempre hay algo más profundo detrás de cada decisión que tomamos, y no querer compartir nuestras luchas y debilidades no es simplemente un deseo de no querer molestar a alguien porque tiene muchas cosas con las que lidiar, sino que es una revelación del orgullo de nuestro corazón, un gran ladrón de la unidad.

El orgullo nos ciega a nuestra propia necesidad y nos lleva a pensar que tenemos todo lo que se requiere para suplir nuestra debilidad. El orgullo quiere aparentar para proteger una reputación externa, que no se sustenta en el interior, y así termina siendo unos de los obstáculos más grandes para salir de nuestros desiertos espirituales. El autor C. S. Lewis dijo:

El vicio esencial, el mayor mal de todos, es el orgullo. La falta de castidad, la avaricia, la borrachera son nimiedades en comparación: fue mediante el orgullo que el diablo llegó a ser diablo; el orgullo lleva a todo otro vicio: es completamente una manera de pensar anti-Dios.[1]

El orgullo no es poca cosa para Dios. En la Palabra encontramos múltiples referencias al sentir de Dios con respecto al orgullo y sus consecuencias en nuestras vidas.

* **El orgullo no busca a Dios**: «El impío, en la arrogancia de su rostro, no busca *a Dios*. Todo su pensamiento es: "No hay Dios"» (Sal 10:4).

* **El orgullo siempre trae consecuencias**: «¡Amen al Señor, todos Sus santos! El Señor preserva a los fieles, pero les da su merecido a los que obran con soberbia» (Sal 31:23).

* **Dios aborrece el orgullo**: «El temor del Señor es aborrecer el mal. El orgullo, la arrogancia, el mal camino y la boca perversa, yo aborrezco» (Pro 8:13).

* **El orgullo nos engaña**: «La soberbia de tu corazón te ha engañado» (Abd 1:3).

El orgullo de nuestro corazón levanta un cerco a nuestro alrededor y nos lleva a cometer el error de creer que lo estamos haciendo bien, porque mantenemos segura nuestra individualidad extrema y pensamos que de alguna manera nos estamos cuidando al no permitir que otros conozcan lo que sucede en nuestra vida. Sin embargo, mientras más alejamos a otros de nuestra realidad, más hundidas terminamos en nuestros desiertos espirituales.

Necesitamos ver nuestro orgullo como el acto de poner el foco sobre nosotras y no sobre Cristo. Cada vez que decido no darles lugar a otros en mi vida, no compartir mis luchas ni recibir sus confrontaciones, me estoy poniendo a mí misma en el centro y estoy haciendo evidente que considero mi manera de pensar como superior a la manera de Dios. Dios les dice a los creyentes que vivan interrelacionados como un cuerpo, pero decidimos que es mejor vivir aislados por nuestra cuenta. Dios nos dice que debemos llevar los unos las cargas de los otros, pero decidimos que es mejor llevar solo nuestras propias cargas y obviar las de los demás. ¿Quién está en el centro y detrás de esta manera de pensar? La respuesta a esa pregunta no se hace esperar: ¡yo!

El orgullo puede tomar muchas formas distintas, pero tiene un solo fin: la autoglorificación. El orgullo está detrás de la gloria que solo le corresponde a Dios y la supremacía que solo es de Él.

Déjame decirte algo, no creo que nadie se escape del pecado del orgullo. La pregunta para todas nosotras no es si pecamos de orgullo, sino cómo se manifiesta el orgullo en nuestras vidas. De una manera u otra, en algún grado, el orgullo está presente en nuestro corazón. Esta es una verdad que no debemos perder de vista en medio de nuestros desiertos espirituales.

¿Tienes una actitud crítica y muestras desprecio hacia los demás? Quizás te has encontrado pensando que nadie tiene la suficiente habilidad o sabiduría para guiarte y acompañarte en medio de la situación en la que te encuentras.

¿Prefieres mantener tu vida en secreto? Quizás lo que estás temiendo es lo que otros van a pensar de ti y por eso te aíslas y buscas pasar lo más desapercibida posible. Ese temor a la opinión de los demás no es humildad o baja autoestima, puede también ser una señal de orgullo.

¿Te ofendes con facilidad? Las personas tienen temor de acercarse a ti porque cualquier cosa que puedan decirte o señalarte es un motivo de ofensa para ti. Hablar contigo es como caminar sobre un campo minado.

¿Sientes la necesidad de que otros siempre piensen bien de ti? Si estás continuamente buscando proteger tu reputación, esa actitud te lleva a no compartir tus debilidades y sufrimientos.

Si tu respuesta fue sí a alguna de las preguntas anteriores, tú ocupas el centro y no el Señor. Eso es orgullo. Un corazón lleno de orgullo es uno que no podrá relacionarse con los demás, nunca estará satisfecho consigo

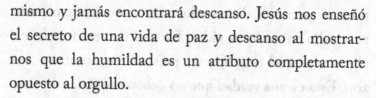

mismo y jamás encontrará descanso. Jesús nos enseñó el secreto de una vida de paz y descanso al mostrarnos que la humildad es un atributo completamente opuesto al orgullo.

El antídoto para el orgullo de nuestro corazón es una vida de humildad que descansa en Jesús, quien personifica esta virtud por completo. Él dijo:

> Tomen Mi yugo sobre ustedes y aprendan de Mí, que Yo soy manso y humilde de corazón, y HALLARÁN DESCANSO PARA SUS ALMAS. Porque Mi yugo es fácil y Mi carga ligera (Mt 11:29-30).

La humildad no es tener un bajo concepto de nosotras mismas, sino vernos a la luz de nuestra gran pecaminosidad y de lo que Dios es: santo, glorioso, bueno, sabio (todos los demás atributos que son parte de su perfección). La humildad es esa cualidad que reconoce que no podemos solas, que no nos deja vernos más grandes de lo que somos, y que mantiene nuestra esperanza en el lugar correcto, a los pies de la cruz.

Apuntar a un corazón humilde requiere que nos reconozcamos continuamente como grandes pecadoras en necesidad de un gran Salvador y que mantengamos nuestros ojos fijos en la cruz y no en nosotras mismas (He 12:1-2).

El ministro y autor John Stott dijo: «Nada en la historia o en el universo nos hace de nuestro tamaño real como la cruz. Todos tenemos una perspectiva inflada de nosotros mismos, especialmente en nuestra autojusticia, hasta que visitamos un lugar llamado el Calvario. Es ahí, a los pies de la cruz, donde llegamos a nuestro tamaño verdadero».[2]

No dejemos que el orgullo impida que podamos abandonar el desierto espiritual. Reconozcamos el orgullo de nuestro corazón a los pies de la cruz y aprendamos a vivir en total dependencia de Dios y en comunidad con los demás.

Temor en el lugar equivocado

Otro ladrón de la unidad en nuestras vidas es el temor a otros seres humanos. La Biblia misma nos enseña cómo este temor en el lugar equivocado nos hace terminar en sequía espiritual:

Así dice el SEÑOR: «Maldito el hombre que en el hombre confía, y hace de la carne su fortaleza, y del SEÑOR se aparta su corazón. Será como arbusto en lugar desolado y no verá cuando venga el bien; habitará en pedregales en el desierto, una tierra salada y sin habitantes (Jr 17:5-6).

Nuestra primera tendencia es pensar que el problema del temor a otras personas se debe a que, por un lado, queremos agradar a todo el mundo o que, por otro lado, no queremos estar cerca de nadie debido a que nos avergüenza (aunque detrás está el mismo deseo de quedar bien con los demás). Sin embargo, la raíz de este ladrón de la unidad es mucho más profunda.

El mismo pasaje de Jeremías antes mencionado nos muestra el temor a otras personas como el depósito de nuestra confianza y fortaleza en otros en lugar de en Dios. Entregarle a alguien más lo que deberíamos confiarle solo a Dios terminará drenándonos y llevándonos a lugares de desierto espiritual. El temor a otras personas nos deshidrata, nos sofoca, nos consume y nos domina.

El gran peligro del temor a otras personas, como el mismo pasaje de Jeremías nos enseña, es que nos lleva a apartar nuestro corazón de Dios. Nos lleva a quitar nuestra confianza del único lugar seguro y opuesto al desierto espiritual.

Necesitamos la unidad con otros en nuestro proceso de salir del desierto espiritual, pero las relaciones basadas en el temor no nos conducirán a la puerta de salida. Aunque en algunos casos pareciera que estamos rodeadas de personas, si esas relaciones están basadas en el temor al otro, si ponemos a los demás en el lugar que le corresponde a Dios, terminaremos más y más solas, porque todo lo que ocupe el lugar de Dios nos consumirá en lugar de darnos vida.

El primero de los mandamientos nos llama a no tener otros dioses delante de Dios (Éx 20:3), y el temor a otras personas convierte a otro en nuestro dios. Nos movemos, actuamos, pensamos, decidimos y sentimos de acuerdo a alguien más y no de acuerdo a Dios, y eso es idolatría. Miramos a la derecha y a la izquierda en lugar de mirar hacia arriba.

La raíz del temor al ser humano es poner la confianza en el lugar equivocado, por lo que el antídoto es poner la confianza en el lugar correcto. En vez de poner nuestra esperanza en otra persona, la ponemos en Aquel que nunca falla y que en Cristo nos da promesas que son sí y amén (2 Co 1:20).

En lugar de hacer de otra persona nuestro refugio, es mejor acudir a la Roca que es más alta que nosotras, a nuestro castillo fuerte (Sal 61:2; 18:2). En lugar de buscar nuestra aprobación en los demás, recordamos que en Cristo hemos sido aprobadas para siempre delante de Dios.

Una vida de unidad que nos encamina a la salida del desierto espiritual pondrá su confianza en Dios mientras se apoya en su hermano.

Los unos a los otros

Repito una vez más, Dios diseñó nuestras vidas para que viviéramos en dependencia sana los unos de los otros.

De hecho, cuando observamos los Diez Mandamientos, la primera mitad tiene que ver con Dios y la segunda con los demás. Aun el primer y más grande mandamiento, lo que Cristo mismo afirmó como el resumen de la Ley, tiene que ver con Dios y con otros. No hay tal cosa como un cristiano solitario. No hay lugar ni motivos para vivir aislados. El llamado de la Palabra es a una vida en comunidad, donde todos somos un cuerpo y Cristo es la cabeza. Esta es una vida de los unos con los otros. Se trata de un cuerpo que se duele y se goza con los demás miembros.

Vivir los unos con los otros es algo que podemos cultivar y necesitamos ser intencionales en lo que respecta a hacerlo, porque como ya hemos visto, en medio de nuestro pecado nuestra tendencia es a aislarnos de los demás o cultivar relaciones basadas en el temor. Cultivar una vida como un cuerpo requerirá que prestemos atención a lo siguiente:

- **Llama al pecado por su nombre.**

Si en medio de tu desierto espiritual te has dado cuenta de que el orgullo de tu corazón te ha llevado a mantener a los demás lejos de ti, o que el temor a otros te ha movido a poner tu confianza en el lugar equivocado, reconócelo como pecado y llévalo delante de la cruz.

Dios ofrece su gracia, perdón y limpieza a aquellos que reconocen sus pecados y se humillan delante de Él:

«Humíllense, pues, bajo la poderosa mano de Dios, para que Él los exalte a su debido tiempo» (1 P 5:6).

- **Ten personas que conozcan tus luchas.**

Parte de ser intencionales en lo que respecta a llevar vidas en comunidad es abrirles las puertas de nuestro corazón a personas confiables a quienes les contemos nuestras luchas y debilidades. Personas que conozcan nuestros pecados y a quienes podamos rendirles cuentas. No pienses que estoy sugiriendo que toda la iglesia deba conocer todo de ti y que no hay lugar para la discreción. Sí hay lugar para la privacidad, la prudencia y la discreción. Pero también debe haber una o varias personas con las que puedas desarrollar una relación de intimidad. Esa persona puede ser una amiga, y si estás casada, sin duda tu esposo debe ser la persona que más conozca de ti.

En mi caso, mi esposo es esa persona principal, y también tengo una amiga cercana a la que le digo con frecuencia que tiene la libertad de hablar de cualquier área de mi vida en el momento en que lo crea necesario.

¿Hay alguien en tu vida a quien le has dado esta libertad?

- **Toma la iniciativa.**

«Tengo toda la intención de hablar, pero prefiero esperar que alguien se acerque». En la mayoría de los casos, si no nos mostramos asequibles, la otra persona no sabrá que puede acercarse. Uno de los pasos que necesitamos dar es acercarnos a otros y expresar nuestra necesidad de ayuda. Es posible que nos pongamos nerviosas y se nos revuelva el estómago con solo pensar en hacer algo como esto, pero esa reacción está motivada nada más y nada menos que por nuestro propio orgullo. Hagamos sufrir a nuestra carne y en humildad tomemos la iniciativa de buscar la ayuda de otros, porque genuinamente la necesitamos para poder salir del desierto espiritual.

- **Aparta los ojos de ti.**

Lo sé. Esto es difícil y más cuando estamos en necesidad. No cometamos el error de pensar que salir de un desierto espiritual requiere que pongamos toda nuestra atención sobre nosotras mismas y descuidemos las necesidades de otros a nuestro alrededor. Vivir en unidad con los demás requiere que estemos dispuestas a abrir nuestro corazón y dejar que otros lleven nuestras cargas, pero ese debe ser un camino de dos vías. Debemos evitar ensimismarnos y en cambio procurar ser intencionales en ver las necesidades de los que se encuentran a nuestro alrededor. Siempre estaremos rodeadas de personas que están enfrentando necesidades emocionales, físicas y espirituales. De alguna manera, siempre tendremos algo que brindarles: una porción de alimento, un mensaje de estímulo, o una intercesión delante de Dios.

Ahora bien, no me malinterpretes, hay momentos en los que genuinamente no tenemos la fortaleza que se requiere para pedir ayuda u ofrecérselas a los demás. Somos seres caídos y quebrantados que requieren de momentos en los que lo que más necesitamos es ser restaurados. ¿Recuerdas la historia del profeta Elías? En ese momento de gran necesidad, Dios mismo sabía que lo que él necesitaba era descanso y alimento. Por eso le proveyó para su sustento físico. No obstante, si vemos toda la vida de Elías, nos daremos cuenta de que ese fue solo un episodio y no su historia completa. En nuestras vidas también tendremos episodios como los que atravesó el profeta. Sin embargo, debemos tener en mente que no son permanentes, sino un tiempo para ser alimentadas y fortalecidas a fin de servir luego a otros.

Jesús mismo modeló una vida de servicio y entrega. Aun en su momento de mayor necesidad, su aflicción era por causa de otros, por tus dificultades y las mías.

• **Conoce a tu salvador.**

La unidad está fundamentaba en el carácter mismo de nuestro Salvador. Mientras más lo conocemos, más nos acercamos a Él; y mientras más cerca estamos de Él, más nos acercaremos a otros. Nuestra relación vertical determinará la calidad de nuestras relaciones horizontales. En nuestra búsqueda de vivir como un cuerpo necesitamos conocer y tener una relación con la cabeza, Cristo Jesús. Apartadas de Él no puede haber una verdadera unidad.

Como el Padre y yo somos uno

Juan 17 es uno de los capítulos más cautivantes de todas las Escrituras. Allí encontramos a Jesús clamando al Padre en oración por sus discípulos. Dentro de esas peticiones intertrinitarias vemos el anhelo de Cristo por la unidad entre los que son suyos. La oración de Jesús al Padre por este tema tan específico nos muestra su importancia y necesidad para nuestro caminar como creyentes:

> Ya no estoy en el mundo, *pero* ellos sí están en el mundo, y Yo voy a Ti. Padre santo, guárdalos en Tu nombre, el *nombre* que Me has dado, para que sean uno, así como Nosotros *somos uno*. Cuando Yo estaba con ellos, los guardaba en Tu nombre, el *nombre* que me diste; y los guardé y ninguno se perdió, excepto el hijo de perdición, para que la Escritura se cumpliera (Jn 17:11-12).

En esta oración, Jesús muestra el tipo de unidad que debería ser la norma entre los creyentes genuinos. Una unidad que refleja la unión perfecta e indivisible entre el Padre y el Hijo. Sin embargo, este tipo de unidad tan sublime está basada en mucho más que nuestro deseo real de tenerla. Se trata de una unidad bajo el «Nombre» del Padre. Para la cultura judía, el nombre de alguien representaba la esencia, el carácter mismo de esa persona.

Entonces, lo que quiso decir el Señor es que la posibilidad de la unidad reside en el carácter mismo de Dios. Él es el que puede lograrla. Jesús desarrolló el sentido de unidad de sus discípulos al mostrarles su propia vida y enseñarles el carácter del Padre. Mientras más entendían los discípulos el carácter de Dios, más experimentaban la unidad entre ellos.

A. W. Tozer escribió: «¿Se te ha ocurrido alguna vez que cien pianos afinados con la misma horquilla se afinan automáticamente entre sí? Están de acuerdo al estar sintonizados, no entre sí, sino con otro estándar al que cada uno debe inclinarse individualmente. De modo que cien adoradores reunidos, cada uno mirando hacia otro lado a Cristo, están en el corazón más cerca el uno del otro de lo que podrían estarlo si llegaran a ser conscientes de la "unidad" y apartaran sus ojos de Dios para luchar por una comunión más estrecha. La religión social se perfecciona cuando se purifica la religión privada».[3]

Mientras más conocemos a Cristo más cerca estamos de Él, y esa cercanía con el Hijo nos llevará de manera natural a estar más cerca los unos de los otros. Mientras Cristo oraba por los suyos, el énfasis de su oración estaba en la paternidad de Dios.

No es bajo el nombre de cualquiera que estamos llamados a la unidad, es bajo el nombre de Aquel que es nuestro Padre. Apropiarnos de la paternidad de Dios y entenderla en nuestras vidas nos mueve a la unidad. Esa unidad que está basada en el carácter de Dios y es afinada en nuestras vidas mientras buscamos crecer en el conocimiento de Cristo. El resultado de esta doble unión en nuestras vidas será el gozo.

Pero ahora voy a Ti; y hablo esto en el mundo para que tengan Mi gozo completo en sí mismos (Jn 17:13).

El gozo de una vida en unidad con otros, de una vida caracterizada por relaciones de amor, apoyo, solidaridad, confrontación y reconciliación, no es un gozo cualquiera; por el contrario, se trata de un gozo sobrenatural que viene de Cristo mismo.

En medio de nuestros desiertos espirituales, procuremos con una mayor intencionalidad, en el poder de nuestro Dios, cultivar vidas de cercanía, vidas que reflejen la unidad de Cristo y el Padre. Vivamos moviéndonos bajo la realidad de que somos un cuerpo y Cristo es la cabeza. Tengamos vidas que aprendan a sentir con los demás y se muevan bajo el mismo compás: Cristo Jesús.

CAPÍTULO 6

¡No te escuches tanto!

Nuestras mentes nunca están en blanco. Todo el día nos estamos escuchando, y lamento decir que muchas veces lo que escuchamos de nosotras mismas no está en concordancia con la Palabra de Dios. Nos levantamos en la mañana y lo primero que nos llega es esa voz que nos recuerda una situación en particular que necesitamos resolver, la cual nos insinúa si acaso vale la pena o si acaso algo bueno podría salir de enfrentar esa situación.

Pecamos y nos decimos a nosotras mismas que ya colmamos la paciencia de Dios y esta vez no nos va a perdonar. Luego llegamos a la conclusión de que lo que hemos hecho es tan grave que no merecemos siquiera buscar el perdón de Dios.

Estamos en medio del sufrimiento y vemos cómo nuestra fe se va desgastando, y todo lo que nuestra voz interior nos sugiere es que Dios se ha olvidado de nosotras y se complace en que suframos. Finalmente, seguimos creyendo que nunca podremos salir de nuestro desierto espiritual.

Los ejemplos de las voces que se hacen fuertes en nosotras y a las que con frecuencia decidimos escuchar pudieran continuar sin descanso. Sin embargo, lo interesante y a la vez complicado de cada uno de estos pensamientos que llegan a nuestra mente es que en la mayoría de los casos no provienen de alguien más, sino de nosotras mismas. Resolver este problema no es tan sencillo como prohibirle a alguien en particular que nos escriba o que dejemos de reunirnos. Eso no puede resolver este problema, porque tales pensamientos vienen de nosotras mismas. Es como si un lado oscuro de mí misma estuviera todo el tiempo hablándome, pero lo que me dice no son palabras de vida. Son ideas que traen aridez a nuestro corazón y de alguna manera nos llevan a quitar los ojos del evangelio de Cristo y permanecer en el desierto espiritual.

Lo mucho que nos escuchamos a nosotras mismas es un problema al que no le damos la importancia a pesar de que deberíamos dársela, y por lo tanto muchas veces no lo afrontamos de la manera correcta.

Martyn Lloyd Jones escribe en su libro *Depresión espiritual* que «gran parte de las insatisfacciones de nuestras vidas vienen porque nos escuchamos más de lo que nos hablamos».[1]

Nuestra tendencia es a confiar en nuestra mente. Hemos llegado a creer erróneamente que todo lo que nos llega a la cabeza debe ser cierto, porque lo estamos pensando nosotras mismas; sin embargo, si viéramos nuestra mente como la Biblia lo hace, no confiaríamos tanto en ella como solemos hacer.

La Biblia caracteriza nuestra mente como:

- Atribulada (2 Reyes 6:11).
- Depravada (1 Timoteo 6:5).
- Pecadora (Romanos 8:7).
- Endurecida (2 Corintios 3:14).
- Ciega (2 Corintios 4:4).
- Corrupta (2 Timoteo 3:8).

¿Confiarías ciegamente en alguien con estas características? Estoy casi segura de que no lo harías. Cuestionarías sus palabras, confrontarías sus ideas, e investigarías lo suficiente antes de seguir cualquier indicación que esa persona te diera. Sin embargo, no es esto lo que hacemos con nuestra mente ¿cierto? A ella la escuchamos ciegamente, le creemos sin cuestionamientos, y la seguimos sin vacilación mientras nos lleva a lugares lejanos de desierto espiritual que están muy lejos de las verdades de Dios.

Cuando la Biblia nos habla de comunicarnos, lo que encontramos con frecuencia es el llamado a escuchar más de lo que hablamos, pero cuando se trata de nuestras almas, el modelo bíblico es muy diferente, porque nuestras mentes están profundamente afectadas por el pecado y tendemos a mentirnos continuamente.

Solemos decirnos que las cosas no son tan malas como Dios ha dicho que son. Pensamos que debido a que algo «no le hará daño a nadie», tenemos la libertad de hacerlo. Y hasta dudamos de las verdades de Dios, porque nuestros sentimientos las perciben de otra manera. Nuestras mentes no son confiables y nuestro corazón es engañoso, más que todas las cosas (Jr 17:9).

Todo el tiempo estamos escuchándonos, y eso que escuchamos moldea nuestras mentes y corazones y determina nuestras reacciones, emociones y decisiones. Lo más peligroso de todo es que esas voces a las que decidimos prestarles atención moldean nuestra visión de Dios, por lo que en vez de ver a Dios conforme a lo que Él dice que es, comienzo a verlo basándome en lo que siento, en función de lo que me escucho decir a mí misma.

Necesitamos aprender a cuestionar nuestros pensamientos, a filtrar todo lo que llegue a nuestras mentes y comenzar a tomar el control de nuestras conversaciones internas.

Hablándole al alma

Durante mis años de colegio escuché una frase que se ha quedado conmigo hasta hoy: «Yo no puedo evitar que un ave vuele sobre mi cabeza, pero sí que haga un nido en ella».[2] Cada pensamiento llega a nuestra mente como un ave, pero así como las aves pueden simplemente pasar o llegar para quedarse y hacer un nido en nuestro balcón, del mismo modo nuestros pensamientos pueden pasar o detenerse para quedarse. En nuestras manos está evitar que establezcan un nido en nosotras.

¿Cuál es la forma bíblica de lograrlo? Hablarnos en lugar de escucharnos.

El libro de Salmos presenta con frecuencia este tema de hablarles a nuestras almas. A veces vemos que el salmista le habla a su alma con el fin de guiarla para que deje a un lado algún sentimiento o visión contraria a Dios. En otras ocasiones, se habla a sí mismo para llevar a su alma hacia algo bueno.

«¿Por qué te desesperas, alma mía, y *por qué* te turbas dentro de mí? Espera en Dios, pues he de alabarlo otra vez *por* la salvación de Su presencia» (Sal 42:5).

«Bendice, alma mía, al Señor, y *bendiga* todo mi ser Su santo nombre. Bendice, alma mía, al Señor, y no olvides ninguno de Sus beneficios» (Sal 103:1-2).

«Alma mía, espera en silencio solamente en Dios, pues de Él *viene* mi esperanza» (Sal 62:5).

«Vuelve, alma mía, a tu reposo, porque el Señor te ha colmado de bienes» (Sal 116:7).

«¡Aleluya! Oh alma mía, alaba al Señor. Alabaré al Señor mientras yo viva» (Sal 146:1-2).

Hablarnos en lugar de escucharnos es traer a los momentos de oscuridad lo que hemos aprendido en la luz. Cuando llega la oscuridad y las temporadas de aridez y desierto espiritual, solemos escucharnos decir que Dios ha cambiado de alguna manera, que sus promesas no son las mismas, que Él se ha ido y ha dejado de prestarnos atención.

Sin duda la oscuridad nos desorienta, pero eso no significa que los fundamentos cambien o que por no poder ver a una persona, ella ya no esté en el lugar que la dejé cuando todavía había luz. Tu casa es el lugar que mejor conoces, ¿cierto? Seguro conoces con cierta exactitud lo que se encuentra en cada rincón. Si un día tu casa se quedara completamente a oscuras, la realidad de lo que tienes y el lugar en el que cada cosa está no cambian solo porque no puedas verlo.

Que en nuestro interior no logremos ver con claridad las promesas de Dios o no entendamos sus mandamientos no los hace menos ciertos.

Cada uno de los versos en los que veíamos al salmista hablándose a sí mismo nos muestra la necesidad de traer nuestras almas y nuestros pensamientos a donde deben estar, al lugar correcto. ¿Y cuál es ese lugar? El evangelio.

El evangelio no es simplemente la puerta de entrada a nuestras vidas como creyentes, el evangelio es nuestro hogar. No solamente lo necesitamos para ser salvos, sino también para que moldee toda nuestra vida. Cada pensamiento, cada acción, cada decisión y cada circunstancia deben ser vistos a través de la verdad del evangelio.

¿Qué es el evangelio?

El evangelio es la gloriosa verdad de que el perfecto y santo Dios se hizo hombre en la persona de Jesucristo, cargó con nuestros pecados siendo perfecto y sin haber caído o cometido ninguno de ellos, y nos entregó su justicia sin que nosotros la mereciéramos. «Al que no conoció pecado, lo hizo pecado por nosotros, para que fuéramos hechos justicia de Dios en Él» (2 Co 5:21).

La cruz se eleva para mostrarnos el mayor terreno de nuestra esperanza en el lado opuesto del desierto espiritual: Jesucristo crucificado por nuestros pecados y triunfante sobre la muerte. Por lo tanto, una de nuestras mayores responsabilidades es aprender a predicarnos el evangelio a nosotras mismas.

La verdad del evangelio nos muestra el poder de la salvación, pero es también la que nos sustenta en medio de las pruebas, la que nos levanta en nuestro pecado, la que le da dirección y sentido a nuestra vida para alejarnos del desierto espiritual. Esto es lo que debo predicarle a mi mente y mi corazón:

Las promesas de Dios por la obra de Cristo son sí y amén. Los mandamientos de Dios son para su gloria y nuestro bien.

¿Cómo lo hacemos?

Hablarnos en lugar de escucharnos no es algo que hacemos una sola vez y luego lo dejamos a un lado porque no lo volvemos a necesitar. Por el contrario, es algo que debe convertirse en un estilo de vida mientras estemos de este lado de la gloria. Con el fin de desarrollar esta manera de vivir y evitar los desiertos espirituales, hay algunas cosas que necesitamos.

1. Conoce bien la Palabra de Dios.

Cuando una persona entra a trabajar como cajero en un banco, primero pasa por un período de entrenamiento donde le enseñan a reconocer los billetes verdaderos y falsos. Los cajeros logran identificar un billete falso porque han aprendido a reconocer con precisión los billetes verdaderos. Solo cuando ellos llegan a conocer cada detalle de un billete real es que pueden identificar uno falso que llega a sus manos.

La única manera en que podremos identificar que una mentira ha llegado a nuestras mentes es conociendo bien la verdad. El ingrediente esencial para poder hablarnos a nosotras mismas en lugar de escucharnos es estar saturadas de la Palabra de Dios y manejarla con precisión.

Conocer la Biblia hasta el punto en que quede afianzada en nuestras mentes y corazones es algo que vamos desarrollando a lo largo de nuestro caminar cristiano. Sin embargo, esto debe ser hecho de forma regular y no anecdótica o circunstancial. Nuestros acercamientos inconsistentes a la Palabra nunca lograrán llenar el banco de nuestras mentes con recursos suficientes, y a la hora en que las mentiras se asomen no tendremos con qué contrarrestarlas.

Todas las etapas de nuestra vida deben estar saturadas con la Palabra de Dios, pero aún más cuando estamos en medio de nuestros desiertos, porque allí es donde las voces contrarias a las verdades de Dios pueden sonar mucho más fuertes. Por eso no solo necesitamos una Biblia en nuestra mesa de noche o nuestro escritorio, sino que la Palabra también habite en abundancia en nosotras (Col 3:16). Hacer que la Palabra habite en nuestra vida implica más que conocerla de memoria, a pesar de que esto es bueno y necesario, pues sabemos que hasta el mismo Satanás conoce bien las Escrituras (Mt 4:1-10).

Que la Palabra habite en nosotras requiere que nos expongamos a ella y la conozcamos de corazón, poniéndola en práctica; es decir, que eche raíces en nuestro corazón y se manifieste en frutos en nuestra vida. Cuando la Biblia establece su hogar en nuestras mentes y corazones, aquellas cosas que no resultan compatibles con sus verdades son desechadas y todo en nosotras se acomoda para que la Palabra «se sienta como en casa».

Las voces contrarias y mentirosas pueden llegar, y sin duda algunos pensamientos negativos lo harán, pero no habrá espacio para ellos, porque su Palabra satura nuestros corazones y mentes y tendrá el control sobre todas las áreas de nuestra vida. Hablarnos verdad en vez de escuchar mentiras requiere que su Palabra habite en nosotras y digamos como el salmista, «¡Cuánto amo Tu ley! Todo el día es ella mi meditación» (Sal 119:97).

2. Desarrolla tu fe.

Muchas veces nuestro problema no es falta de conocimiento, sino falta de fe. Quizás conocemos la Palabra y sus verdades, pero cuando nos llegan las mentiras, decidimos escucharlas y creerlas en lugar de creer y confiar en lo que Dios ha dicho. Preferimos dejarnos llevar por nuestras emociones y sentimientos, preferimos creerles a nuestras circunstancias en lugar de creerle a las verdades de nuestro Señor. Estos son algunos de los pensamientos engañosos en los que creemos por encima de la Palabra de Dios:

«No puede ser verdad que Dios me ama a pesar de mi pecado, porque yo misma no me siento amada. Si yo me detesto, Dios tampoco debe amarme».

«Sé que nada bueno puede salir de esta situación, porque lo que veo a mi alrededor es mi propia vida haciéndose pedazos».

«Dios se ha olvidado de mí. Ya no lo siento y mi alma está fría».

«Al final no importa que caiga una vez más, por lo menos me siento bien al hacerlo».

Dejamos que nuestras emociones, deseos y pensamientos sin Dios sean los que determinen las voces que vamos a escuchar y creer. Todos somos incrédulos de alguna manera, y esa incredulidad de nuestro corazón hace que escuchemos cualquier otra voz que nos diga todo lo contrario a la voz de Dios.

Una vida que aprenda a hablarse en lugar de escucharse requiere fe. Requiere creer que lo que Dios dice es cierto, independientemente de lo que yo sienta y aun de lo que vea, porque la vida del creyente se vive por fe y no por vista (2 Co 5:7).

Charles Spurgeon dijo que «la incredulidad le roba a Dios su gloria en todos los sentidos»[3]. Debemos tener en cuenta que la incredulidad se nutre de la aridez de nuestro corazón y termina llevándonos al pecado y el desierto espiritual. Si bien la duda no es necesariamente un pecado en sí misma, el pecado comienza cuando nuestras dudas nos controlan y nos llevan a actuar de forma contraria a lo que Dios establece en su Palabra. Cuando la incredulidad gobierna por encima de la fe y servimos de manera activa a su falsedad, terminamos comprometiendo la verdad y acabamos en el desierto espiritual.

Es por esa razón que desarrollar una vida de fe requiere al menos de tres elementos esenciales.

Oración: La oración es una de las medicinas más poderosas para vencer la incredulidad. Cuando la fe flaquee producto de la incredulidad, vayamos ante la presencia de Aquel que es la fuente y el objeto mismo de la fe, Jesús. Cuando acudimos a nuestro Señor y buscamos su rostro, podemos ahuyentar la incredulidad. Ora, clama a Él por un corazón que le crea, y mientras lo haces permite que tu incredulidad débil se aferre al Dios que es todopoderoso. Arrepiéntete de la incredulidad de tu corazón y pídele al Señor que te libere de ella más de lo que le pides que te libere de tus circunstancias. Esto lo digo porque cuando oramos para fortalecernos en fe por su Palabra, no hay circunstancia, dificultad ni desierto que no podamos enfrentar en el nombre de nuestro Dios.

Relación: La fe se desarrolla en el contexto de una relación. No podemos creerle a alguien que no conocemos. Es solamente cuando a través de la Palabra conocemos el carácter de nuestro Dios, su infinita sabiduría, su eterna bondad, su conocimiento sin igual, su corazón compasivo y su completa autoridad, que podemos depositar toda nuestra confianza en Él. En la medida en que desarrollamos una relación profunda e íntima con el Señor producto de nuestro mayor conocimiento de Él, nuestra fe va aumentando. Conoce a tu Dios a través de su Palabra. Estudia su carácter y las formas en las que Él ha venido obrando con su pueblo desde el principio, y recuerda lo que Dios ha hecho en tu vida también.

Es posible que esos pensamientos oscuros y mentirosos hagan llegar a tu mente que el Señor ha cambiado, que sus promesas no son reales, pero como dijimos, el antídoto está en la fe vibrante que es producto de la Palabra de Dios, la cual afirma que «Jesucristo es el mismo ayer y hoy y por los siglos» (He 13:8).

Obediencia: Una vida de fe requiere un compromiso con la obediencia. La obediencia a nuestro Señor y su Palabra es una decisión. No obedecemos de acuerdo con nuestros sentimientos o si las circunstancias son convenientes. Por el contrario, obedecemos porque Él lo dice, y a pesar de que todo a nuestro alrededor e incluso nuestra propia mente puede estar indicándonos lo opuesto, decidimos confiar en Él y responder en obediencia, porque lo conocemos y amamos (Jn 14:15).

3. Aprende a cuestionarte.

No debemos creer todo lo que pensamos solo porque lo estamos pensando. Escuchamos mucho decir: «Créele a tu corazón», pero que sea mi pensamiento no significa necesariamente que sea bueno o tenga razón. Cultivar una vida que aprenda a hablarse en lugar de escucharse implica cuestionar nuestros propios pensamientos y ponerlos a prueba a la luz de la Palabra de Dios.

Ser creyentes no implica que debamos pedirle a Dios que bendiga y fructifique todos nuestros pensamientos e ideas. Ese concepto de «declarar» lo que deseamos y que Dios debe simplemente bendecirlo no es bíblico. Lo que sí nos enseña la Biblia es que debemos responder al llamado de la Palabra de destruir las fortalezas que se levantan en nuestras mentes y poner todo pensamiento en cautiverio a la obediencia de Cristo (2 Co 10:5). Nuestros pensamientos deben ser controlados, instruidos y dirigidos.

Llevar nuestros pensamientos cautivos es como tomar un animal feroz y ponerlo en una jaula para evitar que haga daño. Eso hacemos con nuestros pensamientos, los sujetamos, los controlamos y los pasamos por el filtro de la verdad en total dependencia de su Espíritu, que nos guiará a toda verdad (Jn 16:13).

Aquí hay algunas preguntas que pueden ayudarte a filtrar tus pensamientos:

- ¿Esto que estoy pensando es verdad o es una mentira a la luz de la Palabra de Dios?
- ¿Estas ideas suenan como acusaciones del enemigo o es el Espíritu Santo dándome convicción?
- ¿A dónde me están llevando estos pensamientos a poner mi esperanza?
- ¿Cuáles serían las consecuencias si les diera riendas sueltas a estos pensamientos?
- ¿Esto que estoy pensando me lleva a mirar a la cruz y la salvación provista por el evangelio?

Al evaluar los pensamientos que lleguen a tu mente, no te quedes solamente con la respuesta a las preguntas, actúa en sumisión. Recuerda las palabras de Jesús: «Cualquiera que oye estas palabras Mías y las pone en práctica, será semejante a un hombre sabio que edificó su casa sobre la roca» (Mt 7:24).

4. Cuida tu mente.

Hace un tiempo me di cuenta de que el champú que compraba para mis hijos no estaba durando ni siquiera una semana. Resulta que el recipiente en el que venía el producto no era muy fácil de abrir, así que ellos lo destapaban por completo y cuando intentaban poner en su mano la cantidad que necesitaban para lavar sus cabezas, la otra parte, como era de esperarse, caía al piso de la bañera. Luego de darme cuenta de eso, pensé que una buena solución sería encontrar un envase que les resultara fácil de usar y los ayudara a no desperdiciar.

El día que salí a buscarlo no encontré lo que quería. Así que luego de mucho buscar por todas partes, terminé comprando un envase rojo de tapa blanca de los que se usan para poner salsa de tomate. Definitivamente, el envase fue ideado para el kétchup, pero cada vez que presionas el que hay en el baño de mis hijos, lo que sale es champú, porque eso es lo que tiene dentro.

Nuestras mentes son como envases listos para recibir lo que sea que vayamos a poner adentro, pero tengamos la seguridad de que todo lo que entre en algún momento saldrá (Mt 12:34). Somos ingenuas al pensar que podemos dejar entrar cualquier cosa a nuestra mente y que no la veremos salir con alguna consecuencia que terminaremos pagando.

Si lo que albergamos en nuestra mente es basura emocional, intelectual, moral o espiritual, esas cosas terminarán alimentando la carne y los resultados tendrán esas mismas características.

El corazón inteligente busca conocimiento, pero la boca de los necios se alimenta de necedades (Pr 15:14).

Cada serie de televisión, libro, canción, podcast, sermón, conversación, página de Internet, noticia y revista está moldeando nuestra mente y llevándonos a poner nuestra mira en las cosas de arriba o en las de este mundo.

Nuestras mentes son regalos preciados del Señor, y debemos cuidarlas y usarlas para la gloria de su Nombre.

Me encantan las preguntas que nos ayudan a evaluarnos (quizás ya te has dado cuenta). Estoy segura de que de alguna manera nos obligan a pensar en cosas que de lo contrario no pensaríamos. Por eso aquí te entrego otro grupo de preguntas que pueden ayudarte a evaluar si has estado cuidando tu mente:

- ¿Cuántas horas al día inviertes en ver series o programas de televisión?

- ¿Lo que ves o escuchas con frecuencia promueve el pecado? ¿Presenta cosas que Dios ha llamado malas como buenas?
- ¿Cuándo fue la última vez que aprendiste algo nuevo?
- ¿Cuándo fue la última vez que leíste un buen libro?

Es posible que la respuesta honesta a algunas de estas preguntas te muestre que hay cosas que necesitas dejar a un lado para honrar a Dios con el cuidado de tu mente. Sin embargo, cuidar nuestra mente no es solamente desechar lo malo, no es solamente decir que no a muchas cosas que están mal, sino que es también decirle que sí a todo aquello que le haga bien a nuestra vida. El apóstol Pablo lo expresó de la siguiente manera:

> Por lo demás, hermanos, todo lo que es verdadero, todo lo digno, todo lo justo, todo lo puro, todo lo amable, todo lo honorable, si hay alguna virtud o algo que merece elogio, en esto mediten (Fil 4:8).

No lo podrás hacer con tus fuerzas

No quiero dejarte con una sensación de carga sobre tus hombros al leer todo esto.

Definitivamente, cada vez que el Señor nos confronte en algún área específica, debemos acudir en arrepentimiento delante de Él, pero debemos hacerlo sabiendo que no estamos solas. Nuestro Señor mismo es el que pagó por el perdón de nuestros pecados, es el que ha establecido nuevas oportunidades de hacer las cosas de una manera agradable a Él, dándonos su fuerza con el fin de llevar a cabo aquello que sí debemos hacer para bendición de nuestras vidas y gloria de su nombre.

Guardar nuestras mentes, cultivar una vida que aprenda a hablarse en lugar de escucharse, no es una tarea fácil. Lo bueno es que Dios no espera que hagamos esto con nuestras propias fuerzas. Él nos ha dejado su Espíritu Santo que habita en nosotras y obra poderosamente en nuestro interior, dirigiéndonos a actuar como debiéramos y siendo el timón que conduce nuestra mente a toda verdad (Jn 14:16-17; 16:13).

El apóstol Pablo nos habla de la armadura que necesitamos en nuestro caminar cristiano (Ef 6:10-17). El último elemento de esta armadura es de defensa en nuestra batalla. Se trata de la espada, que es la Palabra de Dios, pero no está empuñada por nosotras, sino por el Espíritu. Él es quien empuña la verdad de la Palabra y la usa en nuestra defensa. No estamos solas en la batalla por nuestros pensamientos. Hacemos lo que tenemos que hacer, pero lo hacemos todo con el poder del Espíritu, depositando toda nuestra confianza en su dirección y protección.

Creo, ayúdame en mi incredulidad

Marcos nos presenta la escena de un padre desesperado por su hijo, que había sido poseído por un espíritu (9:14-29). Este padre había tratado todo. Había intentado sanarlo con sus propias fuerzas, había ido a la sinagoga, incluso recurrió a los mismos discípulos de Jesús, pero ellos no pudieron hacer nada. Cuando todo había fallado y no tenía nada más que hacer, se acercó a Jesús. No obstante, aun habiendo acudido al único que podía liberarlo, su incredulidad no se hizo esperar: «Si Tú puedes hacer algo, ten misericordia de nosotros y ayúdanos» (Mr 9:22).

Este padre ya había agotado todas sus opciones y le quedaba solo un hombre a quien recurrir, sobre el cual seguramente había escuchado grandes cosas. Es muy probable que hubiera escuchado hablar de los milagros que había realizado, pero a pesar de esto todavía la fe no había conquistado su corazón. Él tenía la esperanza de que Jesús hiciera algo por su hijo, pero en su corazón escuchaba otras voces que lo hacían dudar en cuanto a si este Jesús genuinamente tenía el poder para sanar a su hijo.

¿Cuántas veces nuestras oraciones no tienen ese mismo tono de incredulidad? Luego de haber decidido escuchar cualquier otra voz que nos aparta más y más de Jesús, cuando al fin nos damos cuenta de que hemos estado envueltas en la mentira, deseamos correr a Él, pero en nuestro interior todavía está latente la incredulidad. Solemos poner en tela de juicio todo al decir: «Quizás Dios pueda hacer algo» o «Quizás Él pueda perdonarme».

Ese hombre estaba lidiando con su incredulidad, pero Jesús le responde con toda su autoridad y poder. El padre lo escucha y se da cuenta de que este hombre es mucho más de lo que había pensado. Su poder era mayor de lo que él hubiera imaginado y su gloria mucho más radiante que las tinieblas que habían envuelto a su hijo por años. En ese momento, él creyó:

«¿Cómo "si Tú puedes?"», le dijo Jesús. «Todas las cosas son posibles para el que cree». Al instante el padre del muchacho gritó y dijo: «Creo; ayúdame en mi incredulidad» (Mr 9:23-24).

Este padre había entendido algo importante: la mera presencia de la fe en un momento determinado no erradica nuestra incredulidad por completo. Jesús debía llenar ese espacio, y su clamor a Jesús por ayuda en medio de su incredulidad era la evidencia de su necesidad.

La incredulidad de este padre, iluminada por su clamor a Cristo para que supliera la fe que le faltaba, resultó en el milagro que había esperado por tanto tiempo. Al fin su hijo fue liberado por el poder de Aquel que tiene toda autoridad sobre principados y potestades. El poder de Aquel que sustenta todo con su Palabra. Su propio poder, que lo sostuvo en la cruz e hizo que la muerte misma se postrara delante de Él (Col 1:13-20).

La fe de este hombre terminó en la liberación de su hijo, pero esto no es lo que va a ocurrir con cada persona y cada circunstancia. No debemos mirar esta historia pensando que es el ejemplo de que mi fe me dará lo que quiero. El enfoque de este relato está en el autor mismo de esta fe, Jesús, y no en la liberación del joven endemoniado.

Una vida de fe no tiene como objetivo que Dios nos conceda lo que queramos, sino creer en su carácter, sus promesas y la manifestación de su voluntad, que es siempre buena, aceptable y perfecta (Ro 12:1-2). Una vida de fe en la persona de Jesús nos lleva a creer y confiar en Él y no en las mentiras que llegan a nuestra mente. Nos lleva a hablarnos a nosotras mismas para llevar nuestras mentes y corazones débiles al lugar en el que deben estar, porque por fe sabemos que no hay lugar más seguro y nadie más que nos pueda sustentar que Él. Vivir la vida sin Jesús es como terminar hundiéndonos cada vez más en nuestra sequedad del alma.

Muchas mentiras tocarán a tu puerta cuando estés en medio de tu desierto espiritual, pero en lugar de escuchar esas voces, recuerda y predícate las verdades de la Palabra de Dios. Recuerda cada promesa que en Cristo es un sí (2 Co 1:20). Recuerda que sus mandamientos son para tu bienestar y la gloria de su nombre (Dt 30:19-20). Recuérdale a tu alma que tus pecados han sido pagados una vez y para siempre y que no hay condenación para ti, porque estás en Cristo (Ro 5:1). Recuérdate que tu identidad no está en tus logros o tus fallos, sino en el Señor de tu vida (Jn 15:5).

Háblate cada una de esas verdades todas las veces que necesites hacerlo, hasta que no escuches otra cosa que no sea su voz, hasta que tu mente esté llena de Él. Y en medio de los destellos de fe que alumbran tu incredulidad, clama a Él una y otra vez: «Creo, ayúdame en mi incredulidad».

CAPÍTULO 7

Camina con Dios en el desierto

Imagina por un momento que Dios te habla y te dice que le pidas lo que quieras. Él lo reafirma con las siguientes palabras: «Cualquier cosa que me pidas y sea buena, te la voy a conceder». ¿Qué pedirías? ¿Qué sería lo que tanto anhela tu corazón? ¿Cuál es ese gran deseo?

- El esposo que has esperado por tantos años.
- Sanar de una enfermedad que te ha aquejado por mucho tiempo.
- Los hijos que tanto deseas tener, o quizás buenos matrimonios para los que están grandes.
- Seguridad financiera.
- Dirección frente a un problema que no tienes idea de cómo lo vas a resolver.

Piensa en algo... ¿Ya lo tienes?

Quédate con ese deseo en mente y déjame contarte de alguien que tenía muy claro lo que tanto anhelaba y cuya petición probablemente fue muy distinta a la nuestra. El rey David expresa en un salmo su confianza en la presencia de Dios en medio de la persecución y la angustia en la que se encontraba. Dentro de ese contexto nos muestra su más grande deseo:

> Una cosa he pedido al Señor, y esa buscaré:
> Que habite yo en la casa del Señor todos los
> días de mi vida,
> Para contemplar la hermosura del Señor
> Y para meditar en Su templo [...]
> Cuando dijiste: «Busquen Mi rostro», mi
> corazón Te respondió:
> «Tu rostro, Señor, buscaré» (Salmos 27:4, 8).

Dios mismo es la mayor ambición y el anhelo de David. Él expresa que desea vivir en la casa de Dios por siempre, usando esa imagen para ilustrar su anhelo de poder estar siempre en la presencia de Dios. La verdad es que ese es el mayor regalo que pudiéramos pedirle al Señor.

Sin embargo, cuando estamos en medio de nuestro desierto, es posible que no lo sintamos de esa manera. No sentimos que nos haga falta estar en la presencia de Dios, porque nos encontramos en el desierto espiritual y nuestros corazones están fríos y alejados de Él. Muy dentro de nosotras tenemos la idea de que estar en su presencia de manera continua sería lo mejor que nos puede pasar, pero nuestros sentimientos dictan otra cosa y lamentablemente nos dejamos llevar por ellos.

David deseaba en su corazón estar siempre en la presencia de Dios. Sentía un anhelo tan profundo como el que se siente cuando deseamos pasar todo el tiempo con una persona que conocemos bien y cuya presencia disfrutamos tanto que queremos estar cada vez más cerca de ella. Ese deseo de permanencia se mantiene aun a pesar de que uno sienta que el mundo se nos cae encima o el corazón está seco.

Hay momentos en mi vida en los que me he sentido triste por diferentes razones y no quiero estar con nadie más que con mi esposo. Mi tristeza puede ser muy grande, pero no me encuentra en un desierto espiritual solitario, sino en el terreno fértil de una relación de intimidad con mi esposo, en donde ambos nos conocemos, amamos y entendemos mejor que nadie más. Él sabe las cosas que me agradan y cómo lidiar conmigo cuando no me siento bien. Él me hace sentir segura.

David se encontraba en medio de una profunda persecución, sentía temor y tristeza, pero cada uno de estos sentimientos llegaron a su vida en medio de la más profunda convicción de que Dios reinaba sobre su vida y que en Él estaba su seguridad. David conocía el carácter de su Dios y tenía una relación personal, íntima y llena de amor con su Señor.

Uno de los aspectos del carácter de Dios que David menciona en ese salmo es su hermosura. No hay nadie más hermoso, glorioso y majestuoso que nuestro Señor. Su sabiduría es incomparable y su majestad no tiene igual. Él es el Dios de toda gloria, y a un Dios como ese debemos desear contemplarlo, como lo hacía David.

Algo que quisiera llegar a hacer en algún momento de mi vida es poder visitar el gran cañón del Colorado en Estados Unidos o el majestuoso cañón del Colca en Perú. Cuando veo fotos y videos de esos lugares, me doy cuenta de lo asombrosos que son, de lo imponente de esos lugares. Sé que si pudiera visitarlos me quedaría sin aliento al ver algo tan grandioso. Sin embargo, tengo la plena seguridad de que lo creado es solo un pequeño destello en comparación con la gloria del majestuoso Creador. Si esos cañones me quitaran el aliento, contemplar a mi Señor y estar en su presencia debería hacerlo infinitas veces más.

No obstante, a veces eso no es lo que nos sucede a muchas de nosotras. En medio de nuestros desiertos espirituales no logramos ver la hermosura del Señor y tampoco tenemos el deseo y quizás las fuerzas para siquiera tratar de hacerlo. Cuando esto sucede, el problema no está en Dios, sino en nosotras. No es que Dios haya dejado de ser asombroso, sino que otras cosas han apartado mi mirada de Dios.

¿Podrían imaginarse a alguien que está frente al gran cañón del Colca y solo tiene la mirada puesta en su celular viendo fotos de Instagram? De seguro nos preguntaríamos, y con razón, qué le sucede. No es que el gran cañón del Colca haya dejado de ser atractivo, sino que algo que es insignificante en relación con lo que tengo frente a mí ha robado el asombro de mi corazón.

Piensa en tu vida al responder estas preguntas: ¿Dios es realmente el asombro de tu corazón? ¿El Señor llena tu mente? ¿No te puedes despegar de tu Dios porque ha cautivado tu corazón por completo?

¿Habrá algo en este mundo que ha desviado tu mirada y has perdido ese asombro? Podríamos estar hablando de tu familia, tu trabajo, tu crecimiento profesional y hasta tú misma. Quizás te has ensimismado en tu propio sufrimiento y te has mantenido con los ojos puestos en tus circunstancias, en lugar de fijar tus ojos en la hermosura de ese Dios que ha prometido estar siempre contigo.

Nuestro Señor debe ser el asombro de nuestro corazón, cualquier otra cosa se queda infinitamente corta, cualquier otra cosa nos deja vacías, cualquier otra cosa puede terminar esclavizándonos.

Él revela su belleza a través de su generosa bondad con su pueblo. No hay nada mejor que Dios, más grande que Él, más grandioso que Él, más satisfactorio que Él, más agradable que Él, más confiable que Él, más divertido que Él, más duradero que Él o más gratificante que Él. David lo sabía, y por eso no había nada que anhelara más que estar siempre en la presencia de su Dios.

Dios no se muestra por completo mientras estemos en este lado de la gloria: a veces exhibe una parte de su ser o una manifestación de su gloria (Éx 33:18-23). Sin embargo, lo cierto es que Él nunca se esconde por completo de nosotras. Él nos dejó un glorioso testimonio vivo de su carácter y su persona en su Palabra, en donde siempre podemos contemplar con asombro algo de su gloriosa majestad. Además, Él siempre prepara a personas y situaciones que lo reflejen y den testimonio de Él.

Cuando la razón para nuestro desierto espiritual es nuestro involucramiento en prácticas pecaminosas, entonces no lograremos ver y desear su hermosura, porque tenemos nublada la visión. Aunque ya hablamos de esto en un capítulo anterior, vale la pena volver a mencionar que Juan nos enseña que «si confesamos nuestros pecados, Él es fiel y justo para perdonarnos los pecados y para limpiarnos de toda maldad» (1 Jn 1:9). Nuestro Dios está dispuesto a perdonarnos en Cristo. Cuando nos arrepentimos, confesamos nuestros pecados y volvemos a poner la mirada en el Señor, entonces aquello que nubla nuestra visión es removido y tenemos ojos más claros para poder ver la majestad y la belleza de nuestro Dios.

Dios nunca deja de ser glorioso y deseable. David se sentía seco y vacío cuando no estaba cerca de Dios. Él no podía encontrar satisfacción en nada que no fuera la realidad de Dios mismo. Estar fuera de la presencia de Dios era para David como estar en un desierto espiritual.

El recorrido

David buscaba una relación de intimidad y cercanía con el Señor. Él confiaba en Dios y por eso quería estar cerca de Él. Su anhelo era hallarse cada vez más y más cerca. David conocía a Dios, y por lo tanto sabía que Dios era infinitamente hermoso, majestuoso y totalmente digno de ser contemplado con asombro por la eternidad.

Es evidente que yo no podré apreciar la hermosura de algo que no conozco. No es posible desarrollar una vida de intimidad y un caminar con un Dios que nos es completamente desconocido o que solo conocemos de oídas por el testimonio de otras personas. Conocer a Dios de forma personal es esencial, pero como vimos, no se trata de un conocimiento meramente intelectual que tiene la intención de llenar nuestras mentes de información, sino uno que nos lleve a amarlo, nos renueve, se afiance en nuestros corazones y se manifieste en nuestras acciones.

El medio principal a través del cual Dios ha decidido darse a conocer es su Palabra. Mientras más nos acerquemos a su Palabra con el corazón correcto y bajo la dirección del Espíritu Santo, más le conoceremos y por consiguiente más le amaremos. Sin embargo, esta búsqueda de una intimidad con Dios no es algo que se dará de manera fortuita en nuestras vidas. Necesitamos la misma intencionalidad que observamos en el anhelo de David: «Una cosa he pedido al SEÑOR, *y esa buscaré...*» (Sal 27:4, énfasis mío). No hablamos de buscarlo con nuestras fuerzas, sino de una intencionalidad que descansa en nuestro Dios.

Conocer al Señor y desarrollar una vida de intimidad con Él no es algo que, en última instancia, descanse sobre nosotras. Esta es una combinación que podríamos ilustrarla como bailar un vals: Dios ha preparado todo lo que necesitamos para bailar y está en la pista listo esperándonos. Lo que me toca es ir hacia Dios y cuando esté frente a Él me subiré en sus pies como una niña con su padre y bailaremos bajo su ritmo, dirección y cuidado.

No debo olvidar nunca que no hay nada que pueda hacer con mis propias fuerzas para encontrarlo y acercarme a Él. Sin embargo, eso no debe ser causa de desesperanza, porque Dios ha prometido que vendrá a nosotras y nos invitará a acercarnos a Él. Lo que nos toca a nosotras no es solo tener el buen deseo de conocerlo, sino que también necesitamos ser intencionales en nuestra búsqueda del Señor, ser intencionales en tener una vida que anhela estar siempre en su presencia. Una vida que lo busque con afán.

Ustedes me invocarán y vendrán a rogarme, y Yo los escucharé. Me buscarán y *me* encontrarán, cuando me busquen de todo corazón (Jr 29:12-13).

Amo a los que me aman, Y los que me buscan con diligencia me hallarán (Pr 8:17)

Estas palabras del Señor son muy directas y confiables, pero parecieran muy difíciles en la práctica. Uno de los problemas que encontramos es que cuando estamos en medio del desierto espiritual, dejamos que nuestros sentimientos gobiernen nuestra intencionalidad, cuando debería ser todo lo contrario. Lo que conocemos debería gobernar nuestros sentimientos y nuestros actos. No puedo dejar de buscarlo simplemente porque no tengo ganas. Madurar también significa recordarme a mí misma que estar cerca de Dios es mi bien y por eso lo busco con empeño a pesar de mis sentimientos. Nuestras emociones no están diseñadas para gobernarnos, sino la verdad de su Palabra.

No cometamos el error de escondernos detrás de nuestra falta de deseo o nuestras circunstancias difíciles.

Ya sea que estemos en un valle fértil o atravesando un desierto estéril, seamos intencionales en buscar su presencia con afán y controlemos el corazón con la verdad de su Palabra.

Ahora bien, puede ser que tengamos el deseo y la intencionalidad de buscarlo en la intimidad, pero que nos estemos acercando de manera incorrecta. Es como tener todo el deseo de ir a un lugar, prepararnos, subirnos al auto y comenzar a movernos en la dirección opuesta al lugar anhelado. Del mismo modo, también podemos querer dirigirnos a una relación de intimidad con Dios, pero estar tomando el camino equivocado.

Veamos entonces algunos elementos necesarios que descalibran nuestro GPS espiritual y no nos permiten llegar a la presencia del Señor.

1. La ruta del conocimiento.

Pudiéramos pensar que un caminar y una vida de intimidad con Dios vendrán como resultado de acumular mucho conocimiento intelectual de la Palabra. Sin embargo, tener conocimiento no es sinónimo de intimidad. Puedo saber mucho sobre alguien y no tener una relación de cercanía.

Durante mi adolescencia era lo que se conocía como «una fan enamorada». Había unos hermanos que cantaban juntos y yo era una fanática total. Estaba al tanto de todo lo que los medios publicaban sobre ellos.

Cada concierto, cada nueva canción o cada video clip ya lo había visto. No obstante, a pesar de que sabía tantas cosas de ellos, la verdad es que no podía decir que había una relación entre nosotros. Si en algún momento nos encontrábamos en la calle, sin duda iba a ser una total desconocida para estos cantantes, porque solo conocer mucho sobre ellos no me iba a proporcionar una relación.

Además de mi historia de idolatría en mi adolescencia, la Biblia (que es la fuente que más nos importa) también nos deja ver estos indicadores falsos:

- *Las falsas direcciones de Satanás.*

Tú crees que Dios es uno [que hay un solo Dios]. Haces bien; también los demonios creen, y tiemblan (Stg 2:19).

Satanás y los demonios conocen muy bien las Escrituras, pero las tergiversan. Jamás podríamos decir que Satanás y sus demonios tienen una relación de intimidad con Dios. Si lo único que tenemos es mucho conocimiento sobre Dios, pues hemos llegado a nivel demonio.

- *Los policías de tránsito religiosos.*

El Padre que Me envió, Él ha dado testimonio de Mí. Pero ustedes no han oído jamás Su voz ni han visto Su apariencia. Y Su palabra no la tienen morando en ustedes, porque no creen en Aquel que Él envió (Jn 5:37-38).

Si algunos conocían la Ley, eran los fariseos, ese grupo de religiosos judíos estrictos del tiempo de Jesús. Ellos conocían cada aspecto de la Ley y hasta le añadían más reglamentaciones para imprimir con su religiosidad cada milímetro de sus vidas. Pero Jesús nos sorprende cuando dice que los fariseos jamás habían escuchado la voz de Dios y que la Palabra del Señor no habitaba en ellos.

Saberse las Escrituras y ser muy religioso no imparte vida. Más bien, las Escrituras dan testimonio de Aquel que es vida y puede compartirlo con nosotras. En consecuencia, el estudio de la Biblia y las prácticas religiosas deben resultar en una fe genuina en Jesús seguida de una acción obediente, las cuales dan testimonio de vidas transformadas por el poder de Dios.

2. El camino del interesado.

Puede ser que estemos muy interesadas en acercarnos a Dios solo cuando necesitamos algo. Cada vez que se presenta alguna necesidad, vamos a la Palabra y buscamos al Señor en oración, pero cuando nuestro problema se ha resuelto, en ese mismo instante nuestro deseo intencional de acercarnos a Él se desvanece.

Cuando esto sucede, es como si me acercara a alguien solo por interés, como si buscara a una persona a la que quiero usar para provecho personal. Nadie construye una relación de intimidad o cercanía cuando la otra persona solo está tratando de usarte sin la menor consideración.

Esto no nos sorprende, porque seguro alguna vez nos hemos topado con una persona interesada. Una relación íntima y cercana requiere confianza, y no hay confianza en una relación utilitaria. No estoy yendo a Dios por Él mismo, sino por lo que pueda darme. Esta manera de acercarme revela un corazón que ama las cosas dadas por encima del dador. Se trata de un corazón que está amando los beneficios de Dios y no a Él mismo. ¿Cómo te sentirías si descubres que la persona que amas y con la que te sentías tan cercana estaba contigo solo por interés?

3. Visitar *Espíritulandia*.

A veces asociamos intimidad o cercanía con cosas accesorias que son solo secundarias. Por ejemplo, a veces relacionamos cercanía o intimidad con el espacio físico, la iluminación, la música, los lapiceros de todos los colores, mi Biblia y tener una caligrafía impecable. Sin duda estos son aspectos que nos hacen recordar nuestra relación, como cuando yo recuerdo una cita romántica con mi esposo por el lugar a donde fuimos, la comida que disfrutamos o los temas que conversamos. Sin embargo, estos elementos son accesorios, porque de nada sirven si mi esposo, Jairo, no hubiera estado conmigo en esos lugares, por más bonitos y románticos que hubieran sido. Aunque estas cosas son buenas y pueden ser útiles, su presencia es secundaria para alcanzar una vida de intimidad.

Lo que genuinamente necesitamos ya lo tenemos con el Señor mismo. Si estamos en Cristo, su Espíritu Santo habita en nosotras y abre nuestros ojos para que podamos verlo, conocerlo, amarlo y responder en obediencia a Él.

Cuando nuestro corazón está en el lugar correcto, entonces cada una de las cosas que mencioné anteriormente (y otras más) se convierten en excelentes recursos que nos pueden ser útiles, pero solo ponemos nuestra esperanza en el Señor y solo en Él para una vida de intimidad.

Más que una Biblia abierta

Cuando dijiste: «Busquen Mi rostro», mi corazón te respondió: «Tu rostro, SEÑOR, buscaré» (Sal 27:8).

Como ya hemos dicho, Dios quiere que lo busquemos. Dios anhela que deseemos buscarlo. Santiago nos dice que nos acerquemos a Dios y Él se acercará a nosotras (Stg 4:8).

Debemos dejar de pensar que acercarnos a Dios y buscar su rostro es únicamente abrir nuestras Biblias y leer unos pasajes en nuestro devocional diario. No, por favor, no me malinterpretes, el devocional es esencial, y por eso ya hemos hablado de vivir empapadas de la Palabra y lo seguiremos haciendo. No obstante, lo que quisiera señalar es que mi relación y mi caminar con Dios no se dan únicamente cuando tengo mi Biblia abierta. Las relaciones no funcionan de esa manera.

Ver mi relación con Dios de ese modo es como decirte que mantengo una buena relación con mi esposo porque ambos tenemos «nuestra habitación y tiempos de reunión», los cuales compartimos en diferentes momentos establecidos con antelación para hablar de diferentes tópicos. Pero cuando salimos de esa habitación, nuestras vidas dejan de estar integradas. Cada uno toma decisiones por su cuenta y vivimos el resto de nuestro día como si el otro no existiera. Las buenas relaciones no funcionan así.

De la misma manera, una vida de intimidad con Dios no se da solamente en nuestro tiempo de estudio regular u oficial de la Palabra. Una relación de intimidad es una vida continua de cara a Él, conscientes de su presencia vital en todo momento.

La vida de un creyente que no reconoce la presencia de Dios de manera continua revela algunos males del alma.

- **Legalismo:** Hago lo que se supone correcto, pero por obligación. No estoy cultivando una vida de intimidad con el Señor al no vivir consciente de su presencia.

- **Cortoplacismo:** Pensamos muy poco en Dios, su Palabra y su voluntad. Tendemos a no involucrarnos en ninguna otra área que no sea la religiosa.

- **Aislacionismo:** No vivimos conscientes de que «en todo lugar están los ojos del SEÑOR, observando a los malos y a los buenos» (Pr 15:3). No vivir bajo este reconocimiento nos lleva a descuidarnos en nuestra lucha contra el pecado.

Nuestras vidas deben estar caracterizadas por un pleno conocimiento de que Dios está en medio de nosotras todo el tiempo. Su presencia es real. Él está presente en cada circunstancia, acción, pensamiento, decisión, paso y suspiro que damos. Dios siempre está con nosotras. Una vida de cara a Dios es una que está consciente de su presencia y busca, por los méritos de Cristo, agradarle en cada aspecto de ella. Él es el Dios que siempre nos ve y nos acompaña. Nuestro Señor conoce lo más profundo de nuestro ser y siempre sabe lo que es mejor para todas las áreas de nuestra vida.

¿Qué tan frecuente vives consciente de la presencia de Dios? No debería ser inusual para nosotras que, sin importar el lugar en el que estemos, podamos tener la seguridad de que «mi Padre está aquí». Ese reconocimiento de su presencia debe llevarnos a querer agradarle en todo.

Lo más grandioso de nuestro Dios es que Él mismo nos ha provisto todo lo que necesitamos para vivir cerca y en intimidad con su presencia. Nos dio su Espíritu Santo que mora en nosotras; nos ha dado su Palabra, y donde está su Palabra está Él. Nos ha dado a Cristo mismo y su gracia. Sus misericordias se renuevan cada mañana, y nos perdona cuando no llegamos a vivir conforme al estándar que ha establecido.

Viviendo conscientes de su presencia

He aquí algunos pasos prácticos para una vida de cara a Dios.

1. Nútrete con frecuencia de su Palabra.

La voluntad de Dios es revelarse claramente en las páginas de la Biblia. El famoso predicador inglés,

Martyn Lloyd Jones dijo: «Mientras más la conozcamos y la leamos, más nos llevará a la presencia de Dios. Así que, si tú quieres poner a Dios delante de ti en todo momento, pasa la mayor parte de tu tiempo en la lectura diaria y regular de la Biblia».[1]

2. Habla con el Señor.

La conversación es la base sobre la que se construyen las relaciones de intimidad. Si el diálogo no está presente, entonces no habrá desarrollo de la cercanía. Dios es real, está siempre presente, y anhela ser escuchado y escucharnos. Una vida de oración nos lleva a vivir en un continuo reconocimiento de su presencia. Él está contigo en todo tiempo. ¡Habla con Dios! ¡Él es real!

3. Hazte siempre la pregunta: «¿Qué dice Dios sobre eso?».

Vivir de cara a Dios implica que reconozcamos su presencia y nos sometemos a su voluntad. En cada circunstancia, decisión, conversación, en cada aspecto de nuestra vida, debemos considerar lo que Dios tiene que decir al respecto. No debemos olvidar que aquel que quiere tener cercanía con nosotras sigue siendo el Señor del universo, quien «sostiene todas las cosas por la palabra de Su poder» y está sentado «a la diestra de la Majestad en las alturas» (He 1:3).

Que ahora mismo tu vida se encuentre en medio de la sequedad del desierto espiritual no implica que Dios haya dejado de ser real, que haya perdido poder, o que su presencia se haya desvanecido. Tu desierto no elimina la presencia de Dios en tu vida.

Cada vez que miramos hacia Dios, en cada momento que buscamos su rostro, ya Él nos está mirando. Y eso es posible porque hace más de dos milenios el rostro de Dios se apartó del Hijo cuando estaba cargando el peso por nuestros pecados. Jesús tuvo la victoria sobre el pecado, venció a la muerte, y ahora tenemos «paz para con Dios por medio de nuestro Señor Jesucristo» (Ro 5:1).

Ahora Dios nos mira y por encima de nuestra piel hay gloria y victoria, porque somos reconocidas como hijas amadas en Cristo. Dios quiere que estemos cerca de Él, que nuestros rostros estén vueltos hacia Él, y Él hizo que esto fuera posible al ser clavado en un madero en nuestro lugar.

Adoración extravagante

Seis días antes de la Pascua en la que Jesús enfrentaría la cruz, Él fue a Betania donde estaba Lázaro, aquel a quien había resucitado. Lo recibieron con alegría y le hicieron una cena (Jn 12). Marta, la hermana de Lázaro, le servía, y Lázaro estaba sentado a la mesa con Jesús.

Mientras ellos cenaban y conversaban, fueron testigos de un suceso que jamás olvidarían. María, la hermana de Marta, tomó un frasco de alabastro con un perfume de nardo puro muy caro, rompió el frasco, derramó su contenido valioso sobre los pies de Jesús y los secó con sus cabellos, entonces «la casa se llenó con la fragancia del perfume» (Jn 12:3).

¡Qué momento tan increíble! Esta mujer, a quien le encantaba sentarse a los pies de Jesús (Lc 10:39), de manera inesperada se acercó a su Señor y derramó el perfume sobre sus pies. Luego, con un corazón lleno de devoción y humildad, limpió sus pies con su cabello.

En medio de un momento como este, la objeción no se hizo esperar. Judas Iscariote, quien administraba los recursos financieros entre los apóstoles y pronto entregaría a Jesús, muestra su inconformidad ante esta muestra de devoción señalándola como un desperdicio, porque en vez de haber derramado este perfume sobre Jesús se pudo haber vendido y dado el dinero a los pobres.

No obstante, el mismo pasaje se encarga de revelarnos la intención del corazón de Judas, la cual Jesús conocía muy bien. Aunque sus palabras pudieran aparentar cierta «piedad», su corazón estaba muy lejos de la supuesta intención de sus palabras. En Judas no había una preocupación real por los pobres, sino que el pasaje nos deja ver que era un ladrón que podría haber robado parte de ese dinero.

En medio de esta objeción, la cual Marcos señala que otros de los invitados secundaron indignados (Mr 14:4), Jesús salió en defensa de esta mujer y les dijo a los demás que ella había hecho una buena obra a su favor (Mr 14:6). Me encanta cómo una versión en inglés de la Biblia, la *English Standard Version*, presenta esta respuesta de Jesús, quien declara que ella había hecho algo hermoso por Él.[2] Podría señalar algunas razones por las que Jesús lo expresó de esa manera.

1. Jesús estaba consciente del amor que la motivó.

El Señor siempre está viendo la intención de nuestro corazón (1 S 16:7), y las intenciones o acciones que fluyen de un corazón de amor hacia Él son de su agrado. Por el contrario, aquellas cosas hechas con un corazón sin amor, por más buenas que aparenten ser, resultan inútiles. El hermoso regalo de María provino de un hermoso corazón agradecido que conocía bien a Jesús.

2. Ella respondió al impulso del Espíritu Santo.

Juan Calvino dijo: «Ella fue guiada por el soplo del Espíritu para que con segura confianza cumpliera con su deber hacia Cristo».[3] El Espíritu Santo la llevó a actuar así por razones que solo conocería en la eternidad, y una de las más importantes era ser un ejemplo para la iglesia universal. Lamentablemente, muchas veces nos encontramos en situaciones en las que somos motivadas a hacer algo bueno y terminamos sin hacerlo, cediendo ante las muchas supuestas responsabilidades que podemos tener o simplemente al qué dirán. María fue movida por el Espíritu Santo y decidió responder de manera inmediata y obediente.

3. Su acto de adoración fue completo.

María no era una persona con grandes recursos o bienes, pero esos minutos de adoración le costaron el equivalente a una cantidad de dinero entre 25,000 y 30,000 dólares en nuestros tiempos. Ella dio lo que tenía sin reserva como un acto de adoración.

Un sacrificio completo es la única respuesta adecuada para aquel que ha sido redimido por Jesucristo, quien realizó el mayor de los sacrificios (Fil 2:5-11). El apóstol Pablo nos llama a presentar nuestros cuerpos como un sacrificio vivo y santo que sea agradable a Dios, ya que esto es lo que se espera de nosotras (Ro 12:1-2). Frente a esta verdad, debemos examinar nuestras vidas y preguntarnos: «¿Mi devoción a Cristo me está costando algo? ¿Hay algo de lo que me esté absteniendo para servirle?». María hizo todo lo que pudo hacer, ¿qué estamos haciendo nosotras?

4. No andaba buscando agradar a otros.

El acto de María muestra un corazón que no estaba buscando agradar a los demás, sino al Único presente que era digno de ser agradado. Su expresión de devoción extrema no se vio limitada por lo que los demás pudieran pensar o los comentarios que fuera a generar (que de hecho los hubo). Tampoco fue una muestra de pretensión para aparentar delante de los demás. El corazón de esta mujer no fue dominado por el temor a otras personas, sino por la majestuosidad del Dios hecho hombre que estaba delante de ella.

Nuestro Señor quiere que tengamos un corazón con una total disposición a seguir el mover del Espíritu. Desea que nuestra devoción sea informada por un profundo entendimiento de quién Él es.

La historia de esta mujer nos muestra lo digno y exaltado de nuestro Salvador. Nadie más en esa cena ni en cualquier otro lugar del mundo era digno de tal expresión de adoración. Nadie más en ese lugar podía generar esa clase de amor, nadie más era merecedor de que ella diera algo de tan alto costo, porque ese Único digno luego daría su vida completa por amor a indignos como María, y como tú y yo. Cuando caminamos con Él, lo reconocemos, lo seguimos y nos acercamos en amor, el desierto espiritual desaparece y entramos a un valle, en donde el buen pastor tiene cuidado de nosotras.

CAPÍTULO 8

Alimento en la aridez

El cuidado de las plantas es todo un arte que no manejo. Atenderlas requiere un nivel de paciencia y dedicación que confieso no tener, pero gracias a Dios mi esposo sí tiene esa destreza y paciencia y le encantan las plantas. Un día salimos en búsqueda de plantas de exterior para nuestra terraza, y él encontró un bambú que le fascinó. Yo no podía entender por qué le gustaba, ya que se veía feo, descuidado y seco. Sin embargo, a mi esposo le interesó tanto que fuimos a preguntar el precio. La verdad era que yo esperaba que nos dijeran que no estaba en venta, pues estaba medio muerto, pero en lugar de eso se apuraron en decir con entusiasmo: «¡Si se lo llevan se lo vendemos a mitad de precio!». Bueno, ya no había razón para que ese bambú estropeado no se fuera con nosotros.

Una de las características que tiene esta planta es que necesita mucha agua, y cuando digo «mucha» no estoy exagerando. Mi esposo comenzó a cuidar de la planta con paciencia y dedicación. Parte esencial de su cuidado era regarla en abundancia y varias veces al día. Con el tiempo vimos cómo ese bambú seco y desaliñado comenzó a reverdecer y crecer de una manera que jamás hubiera imaginado. ¿Qué hizo la diferencia? Regarla con agua de manera continua y abundante.

Cuando nuestras almas están secas en medio de la aridez del desierto espiritual, necesitamos el agua que hidrata nuestro espíritu. En momentos de sequedad puede que estemos tan débiles y desanimadas que no tengamos deseos de alimentar nuestras almas. Sin embargo, que no queramos hacerlo no quiere decir que no lo necesitemos con urgencia. Nuestros corazones áridos necesitan los manantiales de agua viva que brotan únicamente de nuestro Señor.

Enfrentar un desierto espiritual no es fácil, porque resulta debilitante en extremo. Sin embargo, es allí donde descubrimos la necesidad urgente de buscar el agua de vida. Aunque hay falta de deseo de buscar al Señor producto de la aridez debilitante, igual se hace necesario que no nos dejemos dominar por nuestros propios deseos, sino que, como ya hemos hablado, practiquemos las disciplinas espirituales.

Las disciplinas espirituales son prácticas que encontramos en la Palabra y estimulan nuestro crecimiento espiritual. Tengo que aclarar que se trata de actividades y no de actitudes. Más que una disposición de ánimo, las disciplinas espirituales son ejercicios que practicamos para nuestro beneficio espiritual. Tampoco son cualidades del carácter, sino prácticas que fortalecen nuestra piedad o devoción al Señor. Ahora bien, el objetivo de las disciplinas espirituales no es hacernos más religiosas, sino cultivar nuestro ser para llegar a ser como Jesús. La manera establecida por el Señor para caminar en esa dirección es a través de estas disciplinas.

El apóstol Pablo nos enseña: «Disciplínate a ti mismo para la piedad. Porque el ejercicio físico aprovecha poco, pero la piedad es provechosa para todo, pues tiene promesa para la vida presente y *también* para la futura» (1 Ti 4:7b-8). La meta es la piedad, es decir, tener una vida consagrada que agrade al Señor, pero el medio bíblico para eso es disciplinarnos por el poder del Espíritu Santo y con la motivación correcta. Debemos disciplinarnos con el propósito de llegar a ser piadosas.

Las formas prácticas de conseguirlo son a través de las disciplinas espirituales que se derivan del evangelio y nos llevan a una comprensión espiritual más profunda del plan de Dios. Sin embargo, una vez más, no somos piadosas solo porque practicamos las disciplinas espirituales. Ese fue el gran error de los fariseos. Ellos sentían que al cumplir con ciertas prácticas religiosas estrictas ya eran piadosos. No, cada una de las disciplinas espirituales, con la motivación correcta, son medios útiles para alcanzar una piedad bíblica y fortalecer nuestras almas en el desierto espiritual con el fin de poder salir de allí hacia los verdes pastos del buen pastor.

Consumo de la Palabra

Ninguna otra disciplina espiritual es más importante que nuestro consumo de la Palabra de Dios. No hay creyente que pueda caminar con salud espiritual si se aparta de las Escrituras. La Palabra de Dios es el medio por el cual el Señor ha decidido revelarse, hablándonos de sí mismo y de manera especial de Jesucristo, la encarnación misma de Dios. El Verbo hecho carne. Permíteme enumerarte algunos beneficios únicos de la Palabra de Dios en nuestras vidas:

- La Palabra nos muestra nuestra condición de pecadoras y la imposibilidad de cumplir la Ley, proveyéndonos la solución a través del evangelio de Jesucristo.
- La Palabra nos enseña los caminos y la voluntad del Señor, y en ella encontramos la forma en la que Dios quiere que vivamos.
- La Palabra es la que nos santifica y nos lleva a crecer en sabiduría.
- La Palabra es la que nos sostiene en medio del sufrimiento.

- La Palabra es la que nos confronta.
- La Palabra es la que llena nuestras vidas de esperanza.
- La Palabra es nuestro alimento en medio del desierto.

No hay atajos, no hay medios alternativos, no hay sustituto alguno. Necesitamos consumir la Palabra de Dios con un corazón que quiera encontrarse con Él.

Las Escrituras nos enseñan: «No solo de pan vivirá el hombre, sino de toda palabra que sale de la boca de Dios» (Mt 4:4). La Palabra de Dios es vida para nuestras almas, pero no hay forma de que podamos tener la vida que ofrece si no la consumimos.

- **Consumimos su Palabra al escucharla.**

Una de las primeras áreas en las que debemos ser intencionales en disciplinarnos a nosotras mismas es la de escuchar con atención la Palabra de Dios. Si no incluimos esto en nuestros horarios y rutinas diarias, es muy posible que lo hagamos en muy pocas oportunidades.

No debemos escuchar solo de manera reactiva, es decir, buscar escuchar producto de una reacción o una necesidad presente. Por el contrario, se trata de procurar escuchar activamente todo aquello que alimenta nuestras almas, y qué mejor que prestar atención al alimento sólido de la Palabra del Señor. Esa exhortación la encontramos en la misma Palabra:

«Ahora pues, oh Israel, escucha los estatutos y los decretos que yo les enseño para que los cumplan, a fin de que vivan y entren a tomar posesión de la tierra que el Señor, el Dios de sus padres, les da» (Dt 4:1).

«Y él dijo: "El Dios de nuestros padres te ha designado para que conozcas Su voluntad, y para que veas al Justo y oigas palabra de Su boca"» (Hch 22:14).

«Dichosos los que oyen la palabra de Dios y *la* guardan» (Lc 11:28).

Veamos ahora algunas formas adicionales a la lectura personal y devocional de la Biblia por medio de las cuales podemos ser intencionales en cultivar el escuchar con frecuencia la Palabra de Dios:

Escucha sermones de predicadores fieles a la Palabra. Una de las principales maneras en las que esto debería estar sucediendo de modo constante en tu vida es a través de la predicación de la Palabra en tu iglesia local cada semana. Disciplínate a ti misma para recordar que cada vez que su Palabra es abierta para ser leída y predicada, Dios hablará, y por lo tanto tú debes escuchar y obedecer.

Además de la predicación en tu iglesia local, puedes elegir algún sermón de otra iglesia que encuentres en línea y escucharlo durante la semana, pero debes cerciorarte de que sea una iglesia que predique la Palabra con fidelidad.

Escucha la Biblia en audio. La tecnología nos permite gozar de la bendición de tener la Biblia también en formato de audio. Hay aplicaciones gratuitas a través de las cuales puedes escuchar la Biblia mientras vas en tu auto, practicas deportes, haces los quehaceres del hogar o cualquier otra actividad que te permita escuchar y prestar atención mientras la realizas.

- **Consumimos su Palabra al leerla.**

Toda la Escritura es exhalada por Dios mismo y útil en cada área de nuestra vida (2 Timoteo 3:16). Juan nos enseña: «Bienaventurado el que lee y los que oyen las palabras de la profecía y guardan las cosas que están escritas en ella, porque el tiempo está cerca» (Ap 1:3). Dios mismo prometió que aquellos que leyeran sus palabras y las pusieran en práctica serían bendecidos.

Si queremos ser transformadas, si queremos ser más como Jesús, necesitamos leer la Palabra. Sin embargo, surge una pregunta: ¿con qué frecuencia?

Solamente tenemos que ser realistas y honestos con nosotros mismos para saber qué tan regularmente debemos ir a la Biblia. ¿Con qué frecuencia enfrentamos problemas, tentaciones y presiones? ¡Todos los días! Entonces, ¿con cuánta frecuencia necesitamos instrucción, guía y estímulo? ¡Todos los días! ¿Necesitamos instrucción, orientación y mayor aliento? ¡Cada día! Para llevar todas estas necesidades a un tema aún mayor, ¿con qué frecuencia necesitamos ver el rostro de Dios, escuchar su voz, sentir su toque, conocer su poder? La respuesta a todas estas preguntas es la misma: ¡todos los días! Como dijo el evangelista estadounidense D. L. Moody: «Un hombre no puede recibir una provisión de gracia para el futuro más de lo que puede comer lo suficiente para los próximos seis meses, o tomar suficiente aire en sus pulmones de una vez para sostener la vida durante un tiempo». Debemos recurrir a la ilimitada reserva de la gracia de Dios día a día según lo necesitemos.[1]

He aquí algunas sugerencias prácticas que pueden ayudarte en tu lectura de la Biblia:

Saca el tiempo. Es usual que si no planificamos algo, terminamos sin hacerlo. Si dejas tu lectura de la Palabra para cuando aparezca una oportunidad, es probable que termines posponiéndola para más adelante. Junto con la necesidad práctica de organizar nuestro tiempo, que planifiquemos nuestra lectura de la Palabra es una muestra de cuán importante resulta para nosotras. Así que te animo a que separes bien un tiempo cada día en el que puedas concentrarte en tu lectura y procures ser consistente.

Ten un plan. Tendemos a desanimarnos en nuestra lectura de la Palabra debido a que leemos por aquí y por allá sin un plan definido. Define de antemano qué y cuánto estarás leyendo. Puedes utilizar uno de los muchos planes de lectura de la Biblia en un año. Es posible ser muy creativa, porque hay muchos planes distintos, como planes de lectura por libros bíblicos o lecturas temáticas de pasajes en los que quieras profundizar.

- **Consumimos su Palabra al estudiarla.**

Escuchar y leer las Escrituras nos provee la oportunidad de contemplar la Palabra, pero estudiarla nos lleva a profundizar nuestro entendimiento de ella. Pablo le aconseja a Timoteo: «Procura con diligencia presentarte a Dios aprobado, *como* obrero que no tiene de qué avergonzarse, que maneja con precisión la palabra de verdad» (2 Ti 2:15). Manejar las Escrituras con precisión es un llamado para cada creyente que solo se puede lograr a través del estudio constante y profundo de la Palabra de Dios.

Esdras es uno de los mejores ejemplos que encontramos en la Biblia sobre el estudio de la Palabra. Él era un hombre que se había dedicado de todo corazón a estudiar la Palabra, aplicarla y enseñarla (Esd 7:10). Haberse dedicado de corazón al estudio fiel de las Escrituras antes de enseñárselas al pueblo y ponerlas en práctica primero en su vida es algo digno de emular. Esdras se disciplinó a sí mismo para estudiar la Palabra de Dios.

Si alguien pusiera en nuestras manos un cofre con un tesoro, estoy segura de que no tardaríamos en abrirlo y ver todo lo que hay dentro, calculando el valor de cada pieza. La Biblia es un tesoro en nuestras manos que debemos excavar con el fin de poder extraer las riquezas de incomparable valor que Dios ha dejado para nuestras vidas.

El Dios del universo, el Señor creador y sustentador de todo lo que existe, ha decidido hablarnos y ha dispuesto que su Palabra sea el alimento para nuestras almas. ¿No es esto maravilloso? Lo menos que podemos hacer es saborear sus palabras, que son más dulces que la miel (Sal 19:10).

A pesar de que reconocemos estas verdades y podemos estar de acuerdo con ellas, muchas de nosotras todavía nos sentimos inseguras al dar el paso de estudiar las Escrituras. Nos acercamos a la Biblia con la intención de estudiarla, pero morimos en el intento, porque no sabemos cómo hacerlo o tenemos una idea errónea de lo que es estudiar las Escrituras. Sin embargo, estudiarlas de manera correcta resulta esencial para nuestra salud espiritual.

Te dejo siete preguntas con las que puedes comenzar a profundizar en tu estudio de las Escrituras:

1. ¿Qué dice el pasaje?

Esta pregunta tiene que ver con el entendimiento básico del pasaje, y para poder responderla necesitarás prestarle atención a lo que lees. Mientras vas leyendo, mantente atenta y marca todas las ideas y palabras que llamen tu atención y anota cualquier pregunta que surja. Luego trata de expresar con tus palabras lo que dice el pasaje.

2. ¿Qué significa?

Cada pasaje de las Escrituras tiene un solo significado que debes descubrir. Un pasaje no significa lo que yo quiera o sienta, sino lo que el autor inspirado por el Espíritu de Dios tuvo la intención de comunicar. Por eso debemos prestarle atención al contexto histórico (aquellas cosas que estaban sucediendo en el tiempo en que el autor inspirado escribía), el contexto literario (todo lo que se encuentra alrededor del pasaje, los versos que están antes y después), los temas del pasaje y también su género literario.

3. ¿Qué me enseña sobre Dios?

Cada pasaje nos revela el carácter de Dios de diferentes formas. Al momento de estudiar las Escrituras debemos tener los ojos atentos para descubrir de qué forma nos enseña sobre el Señor.

4. ¿Qué me enseña sobre mi condición caída y la vida transformada en Cristo?

Así como podemos ver el carácter de Dios en cada pasaje, también podemos descubrir aspectos de nuestra naturaleza caída que necesitan redención. Las Escrituras nos muestran cómo luce una nueva vida en Cristo para que la imitemos.

5. ¿Cómo me señala a Cristo?

Cada pasaje de las Escrituras tiene la intención de reflejar a Cristo, ya sea en las profecías que apuntaban a su venida, la necesidad de su redención, su carácter, su obra, o la forma en la que Él nos capacita para vivir como nos ha llamado a hacerlo.

6. ¿Cómo me lleva a meditar?

Procura no terminar tu estudio sin quedarte con algún verso o idea del pasaje en la que continúes reflexionando hasta el punto de que lo puedas incorporar a tu propia vida y atesorarlo para siempre en tu corazón. La meditación en la Palabra es esencial para nuestra transformación y la alimentación de nuestras mentes y corazones con las verdades que contiene.

El puritano Thomas Manton decía:

La Palabra alimenta la meditación y la meditación alimenta la oración; debemos oír para no estar equivocados, y meditar para no ser estériles. Estos deberes deben ir siempre de la mano; la meditación debe seguir al oír y preceder a la oración. Porque escuchar y no meditar termina siendo infructuoso. Podemos oír y oír, pero es como poner algo dentro de una bolsa con agujeros [...] Lo que tomamos mediante la Palabra lo digerimos mediante la meditación y lo expresamos mediante la oración. Estos tres deberes deben estar tan ordenados que ninguno deje fuera al otro. Los hombres son estériles, secos y sin savia en su oración por la falta de ejercicio en pensamientos santos.[2]

No termines tu estudio de la Palabra sin alguna verdad en la que puedas meditar.

7. ¿Cómo me llama a actuar?

Todo nuestro estudio de la Palabra debe resultar en una respuesta práctica de obediencia. La Palabra nos ha sido dada para que la creamos y obedezcamos. Nuestro estudio de la Palabra no ha terminado si no logramos ver las formas en las que la Biblia nos llama a actuar y aplicar sus verdades a nuestras vidas diarias. Entonces, a la hora de aplicar, debes tomar en cuenta lo siguiente:

Busca aplicaciones específicas. No es lo mismo decir: «La Biblia me llama a amar», lo cual es cierto en términos generales, que ponernos a pensar a cuáles personas no estoy amando como me ordenan las Escrituras. Las aplicaciones tienen que ver con la forma en que la Palabra ordena nuestras vidas y circunstancias.

Aplica la Palabra a tu alma. La aplicación tiene que ver con las respuestas prácticas específicas que el Señor me ordena en su Palabra que lleve a cabo o deje a un lado. Sin embargo, hay otra parte de la aplicación que no necesariamente tiene que ver con una lista de cosas que debo o no debo hacer. La mayor parte de nuestra vida se vive de manera espontánea. Gran parte de las decisiones que tomamos se dan sin una reflexión profunda, por lo que nuestro estudio de la Palabra debe llevarnos a crecer en nuestra aplicación del discernimiento espiritual y bíblico en cada una de nuestras decisiones. El apóstol Pablo oraba para que el amor de los creyentes «abunde aún más y más en conocimiento verdadero y *en* todo discernimiento, a fin de que escojan lo mejor, para que sean puros e irreprensibles para el día de Cristo; llenos del fruto de justicia que *es* por medio de Jesucristo, para la gloria y alabanza de Dios» (Fil 1:9-11).

Ser asombradas por Cristo en la Palabra es el tipo de resultado más importante que debemos anhelar encontrar a la hora de acudir a las Escrituras. Procura que la Palabra habite en abundancia en tu corazón. David Mathis lo explica de la siguiente manera:

Al ser cautivados por la grandeza de nuestro Dios y su evangelio, llegamos a ser aquello que contemplamos. Así que al terminar de leer la Biblia salimos con un alma más satisfecha, que imparte un aroma y un semblante a nuestras vidas y a la toma de decisiones que afecta todo lo demás.[3]

Responde en obediencia. Aplicar la Palabra a nuestras vidas no depende de cómo ella me haga sentir, sino de mi sumisión obediente al Señor. No definas tu obediencia en base a tus emociones. Por el contrario, procura someter tu voluntad a los deseos de Dios manifestados en su Palabra, independientemente de que lo sientas o no.

Responde en fe. Debo aplicar la Palabra confiando en que aquello que el Señor me llama a hacer, lo podré lograr con el poder de su fuerza (Ef 1:19; 6:10). Dios me ha capacitado en Cristo para hacer su voluntad. No hay nada que el Señor me llame a hacer que Él no haya hecho primero, y no debemos olvidar que «somos hechura Suya, creados en Cristo Jesús para *hacer* buenas obras, las cuales Dios preparó de antemano para que anduviéramos en ellas» (Ef 2:10). Él nos da la fuerza que necesitamos, Él camina con nosotras y nos sustenta en aquello a lo que nos llama.

Depende del Espíritu. Todo nuestro estudio de la Palabra, así como poder ver, entender y aplicar realmente lo que estamos estudiando, depende por completo de la obra del Espíritu Santo. Él es el que abre nuestros ojos para que podamos ver las maravillas de su ley (Sal 119:18).

Acércate a la Palabra en dependencia de su Espíritu y reconociendo que Él tiene toda autoridad sobre ti.

Vida de oración

La oración es esencial para nuestra vida como creyentes. Sin importar el estado en el que nos encontremos, todas nosotras necesitamos orar. La Biblia nos manda a hacerlo en múltiples ocasiones (1 Ts 5:16-18; Fil 4:6-7; Col 4:2; Ef 6:18; Sal 145:18; He 4:16). De hecho, encontramos a Jesús mismo asumiendo que la oración es algo que un creyente practica con frecuencia: «Pero tú, cuando ores, entra en tu aposento, y cuando hayas cerrado la puerta, ora a tu Padre que está en secreto, y tu Padre, que ve en lo secreto, te recompensará» (Mt 6:6).

La oración es una respuesta a la gracia recibida que nos permite entrar en la presencia de Dios por medio de Jesucristo. Dios es quien inicia la conversación. Él ha hablado primero, se ha acercado a nosotras, y ha abierto el camino a través de la obra de redención de Jesucristo para que podamos acercarnos en oración. Que el Dios de los cielos esté interesado en escucharnos debería motivarnos a una vida de oración continua, pero eso no es lo que sucede con la mayoría de nosotras.

Muchas veces nuestra vida de oración es escasa en condiciones normales, y en temporadas de desierto espiritual puede llegar a volverse inexistente. Creo que una de las principales razones por las que no somos intencionales en cultivar una vida de oración es porque no entendemos nuestra necesidad de estar en la presencia de Dios. El pastor Tim Keller, en su libro sobre la oración, dijo:

> La oración es la única entrada a un conocimiento genuino de nosotros mismos. Es también la manera principal en la que experimentamos un cambio profundo, la reordenación de nuestro amor. La oración es como Dios nos da muchas de las cosas inimaginables que Él tiene para nosotros [...] Es la forma en la que conocemos a Dios, la manera en la que tratamos a Dios como Dios. La oración es simplemente

la clave para todo lo que necesitamos hacer y ser en la vida. Debemos aprender a orar. Tenemos que hacerlo».[4]

Cuando no oramos, no estamos solo faltando a un grupo de reglas religiosas. Estamos fallando en tratar a Dios como Señor. Estamos pecando contra su misma gloria (1 S 12:23). La oración es extremadamente importante para la vida del creyente, porque donde está Dios, uno ora. La oración es una necesidad y constituye el remedio para nuestros corazones sedientos de Dios.

En las oraciones del apóstol Pablo por las diferentes iglesias vemos que él no pide un cambio de circunstancias, a pesar de que ellos enfrentaban grandes dificultades. Él no pide para sus discípulos las bendiciones que nosotras pediríamos.

Esto no quiere decir que no podamos pedir cosas materiales, porque Jesús mismo nos anima a hacerlo en su oración modelo: «Danos hoy el pan nuestro de cada día» (Mt 6:11). Aunque Pablo no nos está dejando un modelo universal a través de estas oraciones, sí nos está revelando lo que creía era lo más importante para ellos, por lo cual lo pedía fervientemente en oración: que pudieran crecer en el conocimiento de Cristo. La esencia de la oración es tener más de Dios. Conocerlo con el corazón correcto y ser asombradas por su presencia y carácter terminará transformando nuestro interior.

Nuestra vida de oración revela más que cualquier otra cosa la condición de nuestro interior, porque una vida de oración proviene de un corazón que depende y confía en el Señor. Sin embargo, la oración no es solo lo que revela nuestro corazón, sino también lo que transforma nuestros deseos. Mientras estamos orando, nuestros corazones son alineados con el corazón de Dios.

Es con la oración que Dios nos ayuda a entrar en Sus propósitos, llevándonos a entender lo que Él está buscando con situaciones que permite en nuestras vidas.[5]

Acercándonos con honestidad

Querer aparentar nunca ha ayudado a nadie, y mucho menos tratar de aparentar delante de Dios. Muchas veces nuestras oraciones están llenas de apariencias, como si quisiéramos cautivar a Dios con nuestras palabrerías o historias. Evitamos revelar la condición real de nuestro corazón y se nos olvida que antes de que estén las palabras en nuestra boca, Dios ya las conoce todas (Sal 139:4).

Podemos ver que en medio de su desierto espiritual el salmista es honesto delante de Dios:

Dios mío, mi alma está en mí deprimida [...] A Dios, mi roca, diré: «¿Por qué me has olvidado? ¿Por qué ando sombrío por la opresión del enemigo?». Como quien quebranta mis huesos, mis adversarios me afrentan, mientras me dicen todo el día: «¿Dónde está tu Dios?» (Sal 42:6a, 9-10).

Si sientes que Dios te ha olvidado, si piensas que tus oraciones no tienen sentido, si crees que Dios no te ama, ¡díselo a Él! No hay mejor lugar para llevar nuestros corazones cargados y llenos de dudas que al pie de la cruz. Allí es donde Él nos hace mirar hacia arriba y trae la verdad a todo aquello que erróneamente hemos creído.

La honestidad delante de Dios nos permite darnos cuenta y reconocer realmente en qué lugar espiritual se encuentran nuestros corazones. Nadie jamás ha podido llegar a su destino si antes no sabe dónde está. Nadie podrá curarse de una enfermedad si antes no hay un diagnóstico correcto. Sin embargo, para poder lograrlo primero tenemos que exponer con toda honestidad nuestros males y síntomas.

La Palabra nos invita a llevar delante de Dios nuestros corazones en la condición en que se encuentren, y nos exhorta a hacerlo con confianza, buscando la misericordia y la gracia que solo Él provee (He 4:16). Esto es solo posible porque Cristo ha abierto el camino y nos ha garantizado acceso al Padre.

En medio de tu desierto espiritual, lleva todas tus cargas, pensamientos y sentimientos delante del Dios que quiere escucharte, pero que además conoce de antemano cada pensamiento tuyo y la intención de tu corazón. El Señor quiere llevar tu mente y tu corazón al lugar en el que deben estar para tu bien y para su gloria.

¿Cómo lo hacemos?

A través de la oración, nos acercamos para tener más de Dios, crecer en nuestra relación de intimidad y llevar nuestras peticiones delante de Él. Todo esto lo hacemos de las siguientes maneras:

1. **Reconociendo que Aquel a quien nos acercamos es nuestro Padre.**

   «Padre nuestro que estás en los cielos, santificado sea Tu nombre» (Mt 6:9).

   Jesús nos dejó un modelo de oración en el que las primeras palabras son «Padre nuestro». Él pudo haber empezado diciendo «Dios» o «Señor nuestro», pero Jesús es intencional al dejarnos ver que lo primero que necesitamos en el momento de orar es reconocer y recordar que nos estamos dirigiendo a nuestro Padre. Nuestras oraciones no son a un Dios distante que casi no nos conoce o al que no le importan realmente nuestras circunstancias. Por el contrario, cada una de nuestras oraciones es elevada a nuestro Padre celestial. Un Padre que nos presta suma atención, se duele con nosotras, nos ama, provee, consuela, abraza y está lleno de sabiduría. Un Padre bueno.

La próxima vez que vayas a orar, recuerda que quien te escucha es el Dios de los cielos y la tierra, pero también quien nos ha dado «el derecho de llegar a ser hijos de Dios» (Jn 1:12). Sin embargo, eso no significa que olvidemos que Él es santo y debe ser reconocido en la majestad de su santidad (1 Cr 16:29; Sal 29:2).

2. Reconociendo que Él es poderoso.

«Para los hombres es imposible, pero no para Dios, porque todas las cosas son posibles para Dios» (Mr 10:27).

Nuestro Dios es poderoso para hacer todo cuanto quiere (Sal 115:3). No hay absolutamente nada imposible para Dios (Mt 19:26). Cuando oramos, necesitamos reconocer que quien recibe las peticiones de nuestro corazón es el creador y sustentador de todo lo que existe, para Él todo es posible.

Debemos alejar de nosotras toda duda de que Dios no pueda cambiar nuestra situación, porque la duda hace que nuestras oraciones se conviertan en simples recitaciones de nuestros deseos y no en peticiones fervientes a un Dios que ha declarado que todo lo puede. Necesitamos recordar su poder ilimitado cuando oramos por nuestra situación, que parece insalvable con nuestras propias fuerzas.

Cuando nuestros desiertos espirituales parecen hundirnos, Él es el Dios que tiene el poder de hacer correr en nosotras ríos de agua viva otra vez.

3. Sometiendo nuestra voluntad a la de Él.

«Hágase Tu voluntad, así en la tierra como en el cielo» (Mt 6:10).

Dios nos invita a llevarle nuestros deseos reconociendo su poder, pero sabiendo que Él es el Señor soberano, omnisciente y sabio, podemos ir también con un corazón dispuesto a someter nuestra voluntad a la suya. No hay nada mejor para un creyente que experimentar la voluntad de su Padre bueno y sabio cumplida sin medida en su vida. Podemos pedirle a Dios, pero debemos hacerlo con las manos abiertas y diciéndole: «Esto es lo que yo deseo, pero que se haga tu voluntad y no la mía».

Ponlo en práctica

La oración es una disciplina espiritual, y como toda disciplina necesita ser cultivada de forma intencional. Aquí te dejo algunas ideas que pueden servirte para cultivar una vida de oración.

- **Planifica tu tiempo de oración.**

Debido a la obra de Cristo tenemos la libertad de orar en todo lugar y en todo tiempo, pero a veces la libertad de orar donde sea termina llevándonos a que no oremos en ningún lado. Es verdad que debemos ser espontáneas en nuestras oraciones, porque eso habla de un corazón consciente de la presencia de Dios en todo momento y lugar, pero no debemos descansar nuestra vida de oración solo en la espontaneidad.

Como ya hemos dicho, es muy posible que terminemos sin hacer todo aquello que no planificamos. La oración no es una excepción a esa regla. Si quieres crecer en tu vida de oración, y sobre todo en medio de la aridez de un desierto espiritual donde definitivamente no tenemos el deseo de hacerlo, necesitamos ser intencionales en planificar el tiempo de oración.

Elige un momento del día en el que puedas apartarte y orar de manera regular y sin distracciones.

La planificación de este tiempo no implica solamente definir el momento en que lo haremos, también incluye definir qué hacer durante ese período de oración. Define previamente por qué orarás. Tus peticiones pueden estar dentro de estas categorías: adoración, gratitud, confesión, petición e intercesión.

- **Ora la Palabra.**

Uno de los problemas que en ocasiones tenemos con la oración es que no sabemos cómo orar. No sabemos cómo dirigir nuestras oraciones o qué palabras usar, y terminamos en una monotonía vacía.

Una de las formas más enriquecedoras en las que podemos orar es a través de la misma Palabra de Dios. En tu tiempo de oración, elige una porción de la Palabra y ora a través de ella.

- **Medita la Palabra.**

La meditación no solamente es esencial en nuestro estudio de la Palabra, también lo es en nuestra vida de oración. Cuando tomamos de nuestro estudio de las Escrituras algún verso o alguna idea para reflexionar en ella, afianzamos esta verdad aún más en nuestras mentes y corazones al ser dirigidas a orar en torno a esa verdad bíblica.

- **Lleva un diario de oración.**

Una de las cosas que más me ha resultado para cultivar una vida de oración es orar mientras escribo o escribir mis oraciones. No estoy hablando de un tipo de diario como el de las quinceañeras: «Querido Dios...», sino de un espacio en el que puedes dejar plasmadas tus oraciones. Este método me ayuda a concentrarme, a ser más sistemática y a tener un registro de gratitud. Escribir mis oraciones me ha dado la oportunidad de volver atrás y ver aquellas cosas por las que antes oraba, apreciando la obra de Dios en mi vida en torno a alguna petición en particular.

- **Aprende de otros.**

Estudiar las oraciones de grandes hombres y mujeres de Dios nos permite aprender cómo Dios les responde y qué cosas pide un corazón apasionado por Él. No me malinterpretes, como ya hemos visto, la oración no es una actividad mecánica en la que simplemente cumplo con un deber cristiano. No se trata de memorizar las oraciones para repetirlas palabra por palabra. La oración nos permite crecer en nuestra relación de intimidad con el Señor y obtener más de Él. Así que no puedo estar repitiendo lo que otros le dijeron al Señor y pensar que eso es suficiente. Sin embargo, conocer las oraciones de otras personas puede ser un instrumento para aprender lo que ellas han tenido la oportunidad de conocer sobre la oración y acerca de Dios mismo que me sirva de enseñanza.

¿Quieres orar más? ¡Pues comienza a hacerlo! No importa lo lejos que hayas estado ni lo árido de tu desierto espiritual, Cristo ha hecho posible que entremos con libertad a la presencia del Padre, quien te invita a acercarte. Él quiere escucharte.

Adoración

No pienses que esta es una disciplina espiritual para tus domingos. No te equivoques, la adoración es una disciplina que necesitamos cultivar en nuestro día a día.

Cuando nos encontramos en temporadas de desierto espiritual, usualmente nuestros ojos están fijos en nosotras y nuestras circunstancias. Nuestros corazones se convierten en terrenos áridos en los que la adoración no fluye de manera natural. A pesar de que esto sea una realidad, tenemos el llamado y la necesidad de adorar a nuestro Señor.

Adorar a Dios implica atribuirle el valor adecuado, magnificar que Él es digno de alabanza, o mejor, acercarnos y dirigirnos a Dios por lo digno que Él es. Como el Santo y poderoso Dios, el creador y sustentador del universo, el Juez soberano delante del cual tendremos que rendir cuentas, Él es digno de todo el valor y el honor que podamos darle e infinitas veces más.[6]

El salmista nos dice: «Vengan, adoremos y postrémonos; doblemos la rodilla ante el SEÑOR nuestro

Hacedor. Porque Él es nuestro Dios, y nosotros el pueblo de Su prado y las ovejas de Su mano» (Sal 95:6-7).

Adoramos a Dios porque Él es nuestro hacedor y nuestro Dios. Como nuestro creador y el Dios que está por encima de nosotras, reconocemos con humildad y reverencia que Él es digno de toda nuestra alabanza. Él es digno de que doblemos nuestras rodillas en su presencia. Un corazón del cual fluye la adoración es uno que ha entendido quién es Dios y quiénes somos nosotras.

Nuestra adoración a Dios debe ser expresada con nuestros labios. Debemos acostumbrarnos a manifestar de manera visible nuestra adoración a Dios. Sin embargo, aunque esto es importante y necesario, la adoración implica mucho más que lo que declaramos con nuestros labios solamente.

Jesús mismo nos enseña que podemos estar honrándolo con nuestros labios y a la vez tener el corazón muy lejos de Él (Mt 15:8-9). La adoración que expresamos debe ser aquella que fluya de un corazón que genuinamente honra a Dios como Dios. Un corazón que coloca a Dios en el trono que le corresponde y no a alguna otra cosa.

La manera en la que podemos descubrir si estamos honrando a Dios solo de labios es a través de los frutos de nuestra vida, porque la Biblia nos llama a que toda nuestra vida sea una manifestación de adoración. El apóstol Pablo lo expresaba de la siguiente manera:

Entonces, ya sea que coman, que beban, o que hagan cualquier otra cosa, háganlo todo para la gloria de Dios (1 Co 10:31).

Dios quiere que lo adoremos con todo lo que somos. Sin embargo, muchas veces podemos encontrarnos ofreciéndole nuestra adoración a cualquier otra cosa que no sea Dios. Dejamos de reconocerlo como lo que Él es y le brindamos nuestra adoración a cualquier cosa creada en lugar de al Creador. Ya hablamos sobre este tema en un capítulo anterior, pero quisiera volver a mencionar que si hay otros altares de adoración en tu corazón que no son para Dios, entonces necesitas ir en arrepentimiento delante del único Señor y Dios de tu vida.

Otra vez te hago estas preguntas para que puedas examinar tu corazón: ¿Hay alguna cosa o persona en tu vida que se haya convertido en el objeto de tu adoración? ¿Alguna cosa que esté llenando tu mente y controlando tus afectos? Si la respuesta a estas preguntas no es Dios, entonces necesitas arrepentirte delante de Él ahora mismo.

Cultivando la adoración

Aunque la adoración es algo que debe fluir de nuestra mente y nuestro corazón, también es una disciplina que debemos aprender a cultivar. Una vida de adoración es una vida en Dios. Necesitamos aprender a llevar nuestros pensamientos continuamente delante del Señor; reconocer su presencia continua, autoridad, poder, bondad, infinita sabiduría, justicia y amor en cada área y momento de nuestra vida, y llevar nuestro corazón a adorarlo por toda su grandeza.

Es posible que en medio del desierto espiritual se nos haga difícil tener una respuesta continua de adoración, pero debemos llevar nuestros corazones al lugar en el que deben estar. He aquí algunas formas en las que puedes lograrlo.

Incluye la adoración en tu tiempo de oración. Cada vez que vayas a orar, puedes elegir un atributo de Dios por el cual quieras exaltarlo y comenzar tu tiempo de oración en adoración.

Adóralo en canción. Tenemos la oportunidad de contar con música bien fundamentada en las Escrituras que nos lleve a cantarle y alabarlo. Procura escuchar canciones que te motiven a pensar en Dios y responder en alabanza a Él, pero cuando lo hagas, no dejes que la melodía se convierta en una rutina o música de fondo. Sé intencional en cuanto a meditar en lo que estás escuchando y permite que tu mente y tu corazón sean inundados por esas verdades hasta el punto de postrarte delante del Señor en adoración.

Lleva tu corazón a adorar en medio de la cotidiani- dad. Ya sea que estés lavando los platos, en tu oficina, tomando clases, cambiando pañales o preparando la cena, lleva tu corazón a adorarle. Dios está en medio de nuestras rutinas diarias, solo necesitamos afinar nuestra vista para percibir su presencia extraordinaria en medio de lo ordinario de nuestros días.

Seamos intencionales en cultivar un corazón que adore a Dios en todo tiempo al quitar nuestros ojos de nosotras mismas y nuestras pequeñas circunstancias y ponerlos en su grandeza.

Jesús en el desierto

Usualmente, cuando estoy viendo alguna película o serie, esos momentos en los que el bueno de la historia se encuentra con el malo cautivan toda mi atención y me mantienen en expectativa sobre lo que va a suceder.

Mateo nos presenta un encuentro de este tipo, aun- que mucho más extraordinario y de mayor peso de lo que jamás hayamos visto (Mt 4:1-11). Después de ser bautizado y confirmado por Dios, el Espíritu Santo llevó a Jesús al desierto para ser tentado por el diablo. Sin embargo, no podemos perder de vista que antes de su encuentro con el tentador, Jesús estuvo ayunando durante cuarenta días. Este ayuno (que también es una disciplina espiritual) era una preparación personal para enfrentar el desierto.

El alimento espiritual no es solamente para sostenernos durante un desierto espiritual, sino que es también lo que nos mantiene llenas y preparadas para el momento en el que tengamos que enfrentar un desierto. A una persona que llega a un desierto desnutrida le será más difícil enfrentarlo que a una que se encuentra en buena salud física.

En este relato de la tentación hay muchas cosas que pudiéramos aprender, de hecho, ya lo hemos mencionado en capítulos anteriores, pero en esta sección quiero enfocarme en solo dos aspectos.

1. Escrito está.

Una de las cosas que podemos ver en la tentación de Jesús es que cada dardo del enemigo, cada intención de Satanás de llevar a Jesús a darle la espalda a los propósitos de Dios, fue contrarrestado por el Señor con las verdades de la Palabra.

La vida de Jesús es un emblema de la importancia y la necesidad de la Palabra de Dios. Además de responder a cada tentación con la Palabra, cuando Satanás le dice a Jesús que convierta las piedras en pan (4:3), el maestro responde que el hombre no solo viviría de pan, sino de toda Palabra que sale de la boca de Dios (4:4). Por lo tanto, la Palabra de Dios es vida para nuestras almas y es alimento que nos sostiene. Considera las palabras del salmista con relación a esta verdad:

«Postrada está mi alma en el polvo; vivifícame conforme a Tu palabra» (Sal 119:25).

«Este es mi consuelo en la aflicción: que Tu palabra me ha vivificado» (Sal 119:50).

«Mi alma desfallece por Tu salvación; en Tu palabra espero» (Sal 119:81).

«Para siempre, oh, Señor, Tu palabra está firme en los cielos» (Sal 119:89).

Jamás cometamos el error de pensar que como creyentes podemos vivir apartados de la Palabra de Dios. Cada palabra de las Escrituras viene de la propia boca de Dios, y en cada una de ellas Él se ha revelado a nosotras. La Palabra de Dios es pura, recta, verdadera y más dulce que la miel. Ninguna otra cosa es más valiosa que las Escrituras, porque ninguna otra cosa puede proveernos algo tan esencial para nuestras vidas y con un valor eterno.

Jesús conocía las Escrituras, y al enfrentar la tentación con la misma Palabra nos deja un ejemplo de cómo deberían ser nuestras vidas. La frase «escrito está» debería ser el estándar con el que enfrentemos, no solo cada tentación, sino también cada situación en la que nos encontremos.

Pablo dijo: «Así que la fe *viene* del oír, y el oír, por la palabra de Cristo» (Ro 10:17). ¿Conoces tú la Palabra, su contenido? ¿Confías en lo que Dios ha escrito en ella? Después de cuarenta días de hambre o lo que sea el equivalente al desierto para ti, ¿sigues creyendo que no vivimos solo de pan, sino de cada palabra que sale de la boca de Dios?

2. Solo a Dios adorarás.

Lo segundo que quiero que veamos es la respuesta de Jesús sobre la adoración: «Otra vez el diablo lo llevó a un monte muy alto, y le mostró todos los reinos del mundo y la gloria de ellos, y le dijo: "Todo esto te daré, si te postras y me adoras"» (Mt 4:8-9).

Satanás le ofrece un camino más corto a Jesús, un camino que deja a un lado el plan de Dios para la redención, pero esta oferta viene con el costo de abandonar al Padre y postrarse en adoración a Satanás. Considera la respuesta de Jesús: «¡Vete, Satanás! Porque escrito está: "AL SEÑOR TU DIOS ADORARÁS, Y SOLO A ÉL SERVIRÁS"» (v. 10).

Cuando Satanás tienta a Jesús para que lo adore ofreciéndole la gloria del mundo, no vemos a Jesús diciéndole algo como: «Satanás, yo tengo derecho a todo

ALIMENTO EN LA ARIDEZ

lo que existe como el Hijo de aquel que lo creó. En lugar de pedirme que te adore, deberías tú adorarme a mí». Jesús pudo haber dicho algo así y hubiera sido cierto.

Sin embargo, vemos a Jesús diciendo algo como esto: «Satanás, mi Padre ha dado el mandamiento de que Él y nadie más que Él debe ser adorado. Esto es lo que siempre he hecho y haré una vez más, obedecer y adorar a mi Padre. ¡Vete, Satanás!». El deber de todo ser humano está claro. Si el mismo Hijo de Dios considera que es su deber obedecer el mandato de adorar a Dios, ¡cuánto más nosotras debemos considerar nuestro deber obedecer este mandato!

Jesús le recuerda a Satanás que solo Dios debe ser el que recibe nuestra adoración. No hay nada que sea más seguro, confiable, fiel y digno de toda adoración que nuestro Dios. No hay nada mejor que Él, más grande que Él, más grandioso que Él, más satisfactorio que Él, más agradable que Él, más confiable que Él, más deleitoso que Él, más duradero que Él o más gratificante que Él. Solo debemos rendirle adoración a nuestro asombroso Dios.

Cualquier otra cosa en la que depositemos nuestra adoración en lugar de en Dios, terminará dejándonos vacías y haciéndonos sus esclavas.

A través de su tentación, Jesús nos deja el ejemplo de una vida que debe ser alimentada por la Palabra de Dios y un corazón que decide adorar solo a Dios independientemente de lo que el desierto espiritual traiga por delante.

Ejercitemos nuestro corazón con las disciplinas espirituales y veamos cómo el Señor es glorificado en nuestras vidas reverdeciendo nuestra sequedad y sacándonos del desierto espiritual en el que nos encontrábamos.

CAPÍTULO 9

No tendrás sed jamás

Todos estamos sedientos. A pesar de que no lo sentimos igual en cada momento, dentro de cada ser humano hay un deseo de algo más que está fuera de este mundo y que nada material puede suplir, hay una sed espiritual que necesita ser saciada.

En el año 1957, el director inglés de películas James Whale cometió un acto suicida y dejó una nota que decía: «El futuro es solo vejez, enfermedad y dolor [...] Debo tener paz y esta es la única manera».[1]

Nuestras almas anhelan y buscan el bienestar y la paz. Queremos vidas plenas y llenas de satisfacción y tranquilidad, queremos sinceramente saciar la sed de nuestros corazones. El problema es que solemos hacerlo en lugares y a través de medios equivocados. Creemos que estamos juntando agua de la que luego beberemos, pero las almacenamos en cisternas agrietadas que no retienen el agua, cosas imperfectas que jamás fueron diseñadas para saciar nuestra sed.

El encuentro inesperado

El apóstol Juan nos presenta la historia del encuentro de Jesús con la samaritana, una mujer que había estado tratando de saciar su sed en lugares equivocados.

Jesús había salido de Judea e iba de regreso a Galilea, pero en su trayecto Él y sus discípulos pasaron por Samaria. Al llegar a la ciudad, Jesús manda a los discípulos a buscar algo de comer mientras Él, cansado y sediento, los espera. En medio del calor del día, se sienta al lado del pozo de Jacob y se aparece una mujer solitaria que se acerca para sacar agua.

La Biblia nos dice que Jesús «tenía que pasar por Samaria» (Jn 4:4). Desde el punto de vista geográfico, esta era la ruta más corta (aunque los judíos la evitaban producto de la enemistad con los samaritanos), pero esta necesidad de Jesús podría estar indicando algo más que seguir la mejor ruta geográfica. Tales palabras también nos muestran que el itinerario de Jesús estaba sujeto al plan soberano y providencial de Dios, porque Jesús no se mueve según las circunstancias, sino que está a cargo de ellas. Él gobierna y actúa con propósitos llenos de gracia.

El encuentro de Jesús con esta mujer estaba orquestado desde antes de la fundación del mundo. Jesús rompería en ese encuentro todas las barreras culturales y religiosas que como judío estaba obligado a acatar, pues ellos tenían prohibido hablar con alguien de Samaria (la cultura judía consideraba a los samaritanos como una raza inferior) y también hablar con una mujer en público.

Sin embargo, todavía hay algo más. Esta no era cualquier mujer. Déjame contarte que las mujeres de la época acostumbraban ir a sacar agua temprano en la mañana, cuando el sol no había elevado demasiado la temperatura, y también con el fin de poder tener agua durante el día para realizar todos los quehaceres del hogar. Por lo tanto, lo que hizo la mujer samaritana era bastante extraño, porque estaba sola sacando agua al mediodía, cuando el calor arreciaba, pero lo hacía para evitar encontrarse con las otras mujeres que con toda probabilidad conocían su mala reputación y sus fallas morales. Esta era una mujer que podía considerarse despreciada por la sociedad y con una moral cuestionable.

No obstante, Jesús tenía un propósito divino y una gracia inmensa que ninguna barrera moral, religiosa o cultural podrían detener. Él conocía la necesidad de agua de vida de esta mujer y estuvo en el lugar y el momento indicado, porque iba a saciarla. ¡Qué corazón tan extraordinario el de nuestro Señor!

Jesús inicia la conversación y la trata con una gentileza y un amor que probablemente ella desconocía por completo, porque nadie la había tratado así jamás. Pero el acercamiento amable y amoroso del Señor no deja a un lado la confrontación con la verdad.

Jesús le dijo: «Dame de beber».

Pues Sus discípulos habían ido a la ciudad a comprar alimentos. Entonces la mujer samaritana le dijo: «¿Cómo es que Tú, siendo judío, me pides de beber a mí, que soy samaritana?». (Porque los judíos no tienen tratos con los samaritanos).

Jesús le respondió: «Si tú conocieras el don de Dios, y quién es el que te dice: "Dame de beber", tú le habrías pedido a Él, y Él te hubiera dado agua viva».

Ella le dijo: «Señor, no tienes con qué sacarla, y el pozo es hondo; ¿de dónde, pues, tienes esa agua viva? ¿Acaso eres Tú mayor que nuestro padre Jacob, que nos dio el pozo del cual bebió él mismo, y sus hijos, y sus ganados?» (Jn 4:7-12).

No sé si has experimentado tener una sed profunda por un largo período de tiempo, pero seguro conoces lo que es tener sed y la urgencia física por saciarla. Lo que sabemos es que no hay nada más reconfortante y que se anhele más que el agua fresca en medio de una sed que seca nuestras gargantas.

Lo que Jesús le está diciendo a esta mujer es que Él tiene algo extremadamente necesario para ella espiritualmente. Tan necesario como lo es el agua para nuestros cuerpos.

> Todo el que beba de esta agua volverá a tener sed, pero el que beba del agua que Yo le daré, no tendrá sed jamás, sino que el agua que Yo le daré se convertirá en él en una fuente de agua que brota para vida eterna (Jn 4:13-14).

Jesús le revela a esta mujer que lo que Él tiene para ella no solamente es necesario, sino que es algo que le traería satisfacción desde su mismo ser interior. La plenitud a la que Jesús se está refiriendo es una que no depende de aquello que esté sucediendo a nuestro alrededor. No depende de las circunstancias, sino de la fuente de agua que Él hace brotar dentro de nosotras.

Solemos caer en la trampa de pensar que nuestras vidas estarían completas si tan solo tuviéramos aquello que deseamos. «Si las cosas alrededor de mí cambiaran, ya hubiera salido de este desierto espiritual». Sin embargo, lo que Jesús le está diciendo a esta mujer, y lo que nos dice a nosotras hoy, es que nada que esté allá afuera, nada creado o material, puede saciar la sed que tenemos en lo más profundo de nuestro ser. No hay nada fuera de Él que pueda darnos la plenitud que tanto buscamos en nuestra vida.

Todas nosotras estamos detrás de algo, pero si ese algo no es Jesús, entonces terminará dejándonos más y más sedientas. El autor Tim Keller, en su libro *Encounters with Jesus* [Encuentros con Jesús], utiliza una cita del escritor estadounidense David Foster como parte de su discurso a un grupo de graduandos de una universidad:

> Todo el mundo adora. La única opción que tenemos es lo que vamos a adorar. Y la razón convincente para tal vez elegir algún tipo de Dios [...] para adorar [...] es que casi cualquier otra cosa que adores te comerá vivo. Si adoras el dinero y las cosas, si están donde encuentras el verdadero significado de la vida, entonces nunca tendrás suficiente y nunca sentirás que tienes suficiente. Es la verdad. Adora tu propio cuerpo, belleza y encanto sexual, y siempre te sentirás feo [...] Adora tu intelecto, el ser visto como inteligente, y terminarás sintiéndote estúpido, un fraude y siempre a punto de ser descubierto. Mira, lo insidioso de estas formas de adoración no es que sean malvadas o pecaminosas; es que son inconsistentes».[2]

De alguna manera, todas nosotras ponemos nuestra fe en algo, y aunque el escritor David Foster no era creyente, él pudo ver algunos destellos de la verdad al entender que si ese algo (a lo cual llamaba en su ignorancia «algún tipo de Dios») no es Jesús, entonces terminará comiéndonos vivas.

Jesús sabe esto, por lo que durante el encuentro con esta mujer necesitada de que su sed espiritual fuera saciada, le hizo ver que a menos que Él no fuera la fuente de su fe, a menos de que ella no se diera cuenta de que solo el Señor podía saciarla, esa satisfacción interior deseada no vendría de afuera. Cualquier cosa que ella y nosotras adoremos, terminará dejándonos solas y vacías.

Jesús hizo esa importante declaración y la conversación devino de la siguiente manera:

«Señor», le dijo la mujer, «dame esa agua, para que no tenga sed ni venga hasta aquí a sacarla». Jesús le dijo: «Ve, llama a tu marido y ven acá». «No tengo marido», respondió la mujer. Jesús le dijo: «Bien has dicho: "No tengo marido", porque cinco maridos has tenido, y el que ahora tienes no es tu marido; en eso has dicho la verdad» (Jn 4:15-18).

Pudiéramos pensar que Jesús está cambiando el tema, porque Él estaba hablando de fuentes de agua viva y ahora le pide llamar a su marido. La realidad es que lo que Jesús está haciendo es continuar la misma conversación. Para que ella pudiera entender el inmenso valor y el carácter único de esta agua viva que Él le está ofreciendo, la samaritana necesitaba darse cuenta de las formas equivocadas en las que ella había estado tratando de saciar su sed espiritual. Ella había intentado equivocadamente llenar su corazón por medio de relaciones amorosas con distintos hombres. Un hombre tras otro llegaba a su vida en su afán de tratar de saciar una sed que solo un Hombre podía saciar, y no de la manera errada en la que ella lo había estado buscando y que tanto daño le había causado en su vida.

Esta mujer queda asombrada de que Jesús conociera su pasado de esta manera y le dice: «Señor, me parece que Tú eres profeta. Nuestros padres adoraron en este monte, y ustedes dicen que en Jerusalén está el lugar donde se debe adorar» (Jn 4:19-20). Jesús le responde dejándole ver que llegaría el momento en que no habría necesidad de un templo físico para adorar y tener acceso a Dios, y que los adoradores que el Señor buscaría serían aquellos que lo adoraran en espíritu y en verdad.

Jesús le dijo: «Mujer, cree lo que te digo: la hora viene cuando ni en este monte ni en Jerusalén adorarán ustedes al Padre. Ustedes adoran lo que no conocen; nosotros adoramos lo que conocemos, porque la salvación viene de los judíos. Pero la hora viene, y ahora es, cuando los verdaderos adoradores adorarán al Padre en espíritu y en verdad; porque ciertamente a los tales el Padre busca que lo adoren. Dios es espíritu, y los que lo adoran deben adorar en espíritu y en verdad» (Jn 4:21-24).

La adoración «en verdad» es justamente lo que nos hace mucha falta. Esto quiere decir que no debemos adorar a partir de la imaginación de nuestro corazón o basados en las tradiciones de la religión oficial, sino en lo que sea verdad sobre Dios. Adorarlo en verdad es adorarlo en base a aquello que Dios ha revelado de sí mismo en su Palabra.

Esa es la verdadera adoración. ¿Qué viene a tu mente cuando piensas en Dios? La respuesta a esta pregunta no solo afectará tu adoración, sino también la manera en la que vives. La mujer samaritana no entendía a Dios tal como realmente es, y Jesús quiso revelarle esa verdad sobre Él mismo que ella nunca había conocido.

Dios busca también a aquellos que lo adoren «en espíritu». Jesús no se está refiriendo al Espíritu Santo, sino al espíritu humano. Dios busca a aquellos que lo adoren no solo con un claro entendimiento de quién es Él, sino que también lo hagan desde lo profundo de su ser. Se trata de una adoración que involucre todo nuestro ser y que pueda ser expresada con todo lo que somos.

Este es el tipo de adoración que Dios busca de esta mujer, y Jesús se lo está revelando a través de esta confrontación misericordiosa. Él quería que la samaritana entendiera quién era en realidad el que hablaba con ella y que su respuesta fuera desde lo profundo de su ser, con todo su entendimiento de la verdad de Dios.

Aunque esta mujer ya estaba asombrada por la revelación que Jesús había hecho de sus relaciones, todavía no se había dado cuenta de la realidad de quién era Él. Por eso ella le dice que cuando el Mesías venga, Él les explicará todas estas cosas que Jesús le está diciendo. Entonces viene una tremenda revelación, el momento cumbre de todo este encuentro: «Jesús le dijo: "Yo soy, el que habla contigo"» (Jn 4:26).

¡Qué declaración más gloriosa! Te pido que por un momento trates de imaginar la escena. Esta mujer despreciada, quebrantada y sedienta se encuentra con un hombre que la conoce por completo y de igual modo se acerca a ella, le habla con dulzura y le muestra su inmensa sed espiritual no satisfecha, así como las formas incorrectas en las que había estado tratando de saciarla por tanto tiempo y haciéndose tanto daño. Al final, la conversación no queda en una discusión teórica, sino que Él le dice: «¡Ese que puede saciarte soy yo! ¡Ese Mesías que esperas que le dé sentido a todo lo que te estoy diciendo SOY YO! ¡Ese que puede saciar tu sed para siempre SOY YO!».

La mujer samaritana había estado tratando de salvarse por sus propios medios al poner su fe en lo que ella entendía le traería satisfacción. ¿No les parece conocido? Todos los seres humanos tratamos de hacer lo mismo. Estamos muertas de sed y tratamos de saciarla y salvarnos de nuestro desierto creando nuestra propia ruta de escape y siendo nosotras mismas nuestras salvadoras.

Mientras sigamos buscando nuestra salvación en todo aquello que no es Jesús, nuestras almas seguirán secas y nuestra permanencia en el desierto no tendrá fin. Nuestra fe no debe estar en nosotras mismas, nuestros logros, familia o apariencia. Nuestra sed no será saciada al obtener eso que tanto anhelas, porque lo cierto es que nada, absolutamente nada creado, podrá salvarte del desierto de tu corazón.

¿Dónde has estado buscando saciar tu sed? Quizás has estado involucrándote en distintas relaciones y cada una de ellas te ha dejado más quebrantada y sedienta que la anterior. Quizás has puesto toda tu atención en tu apariencia y en parecerles atractiva a otros y has terminado dándote cuenta de que nunca será suficiente. ¿De qué formas has estado tratando de salvarte a ti misma?

Jesús es el único Salvador porque es Dios hecho hombre, quien pagó en la cruz del Calvario por nuestra liberación y la satisfacción de nuestra sed. Si ponemos nuestra fe en Él, sin duda terminaremos saciadas. Y Jesús también es el único que cuando le fallamos nos

UN CORAZÓN EN EL DESIERTO

extiende su gracia y nos otorga su perdón. No hay nadie más que pueda saciarnos. No hay nadie más que se haya dado por completo por amor a nosotras.

Una sed que sacia la nuestra

Si seguimos leyendo el relato de Juan, nos daremos cuenta de que luego de su encuentro con Jesús, esta mujer salió y le contó a todo el mundo sobre aquel hombre que sabía todo lo que ella había hecho y le había salido al encuentro para saciar su sed.

¿Por qué encontró ella la salvación? Te lo diré: fue porque Jesús tenía sed. Si Él no hubiera tenido sed, no habría ido al pozo y ella no habría encontrado el agua viva. Sin embargo, ¿por qué tenía sed Jesús? Fue porque el divino Hijo de Dios, el creador del cielo y la tierra, se había despojado de su gloria y descendió al mundo como un mortal vulnerable, sujeto al cansancio y la sed. En otras palabras, ella encontró el agua viva porque Jesucristo dijo: «Tengo sed». Esa no es la última vez que Jesucristo dijo «Tengo sed» en el libro de Juan. En la cruz, justo antes de morir, también dijo: «Tengo sed», y se refería a algo más que sed física. Allí Jesús estaba experimentando la pérdida de la relación con su Padre, porque estaba recibiendo el castigo que merecíamos por nuestros pecados.[3]

Solo porque Jesús experimentó la sed de la separación del Padre mientras colgaba en un madero, tú y yo podemos ser saciadas hoy en medio del desierto espiritual de nuestro corazón.

No importa el lugar en el que te encuentres ahora mismo. No importan los caminos que hayan terminado llevándote a lugares de sequía o las voces llenas de mentiras que hayas estado escuchando durante mucho tiempo. No importa dónde hayas estado tratando de saciar tu sed, Aquel que genuinamente puede saciarte sale a tu encuentro y se ofrece a sí mismo como el Agua Viva.

¡No busques más y corre a Él! Hay esperanza en medio de tu desierto espiritual, porque Jesús es el manantial del que podemos beber para nunca más tener sed. Y a la vez nos dejará deseando más y más de Él hasta que llegue el día en el que veamos el rostro del Padre en el Agua Viva que se hizo hombre por amor a nosotras y tuvo sed para saciar la nuestra. El libro de Apocalipsis nos dice:

Aquel que está sentado en el trono extenderá Su tabernáculo sobre ellos. Ya no tendrán hambre ni sed, ni el sol les hará daño, ni ningún calor abrasador, pues el Cordero que está en medio del trono los pastoreará y los guiará a manantiales de aguas de vida, y Dios enjugará toda lágrima de sus ojos (Ap 7:15-17).

Llegará el día glorioso en el que el Cordero nos pastoreará, nos guiará a aguas de reposo y Él mismo estará en medio nuestro por la eternidad. No obstante, mientras esperamos, Él llama hoy mismo a todos los sedientos y vacíos espirituales a ir a Él para ser saciados con el agua de vida. Él es la esperanza en medio de la sequía de tu corazón. Jesús es la fuente que brota desde el Calvario y llega a nuestros corazones perdonándonos, limpiándonos, saciándonos y transformándonos para que no tengamos más sed espiritual.

«Pero el que beba del agua que Yo le daré,
no tendrá sed jamás,
sino que el agua que Yo le daré
se convertirá en él en una fuente de agua
que brota para vida eterna»
(Jn 4:14, énfasis añadido).

NOTAS

CAPÍTULO 1: EL ALMA EN EL DESIERTO

1. Hughes, Kent. *Preaching the Word Commentary Series* (40 vol).

CAPÍTULO 2: CÓMO LLEGAMOS HASTA ALLÍ

1. Hipona, Agustín. *Confesiones*. I.1, p. 4, versión en Kindle.

CAPÍTULO 3: EL CAMINO DEL PECADO

1. Piper, John. https://www.desiringgod.org/messages/what-is-sin-the-essence-and-root-of-all-sinning.

2. Núñez, Miguel. «La relación entre el pecado y la mundanalidad». Ministerios Integridad y Sabiduría. https://integridadysabiduria.org/la-relacion-entre-el-pecado-y-la-mundanalidad/. 7 diciembre 2015.

3. Grear, J. D. «Satan's Go-To Temptation Against You». Desiring God:

4. https://www.desiringgod.org/articles/satans-go-to-temptation-against-you, 3 agosto 2018.
5. Núñez, Miguel. https://www.coalicionporelevangelio.org/articulo/las-10-leyes-del-pecado/.
6. Ross, Bob L. *A Pictorial Biography of C. H. Spurgeon* (Pasadena, TX: Pilgrim Publications, 1974), pp. 85, 88.

CAPÍTULO 4: VOLVER A DIOS

1. Powell, Paul. *Thee Old Time Religion*, 2001, p. 26.

CAPÍTULO 5: NECESITAMOS DE OTROS

1. DeMoss, Nancy, y Grisson, Tim. *En busca de Dios.* Editorial Moody, Chicago, 2014, p. 23.
2. Mahaney, C. J. Humility. Editorial Multnomah Books, 2005. Edición en Kindle.
3. A. W. Tozer, *The Pursuit of God* (Wheaton: Tyndale, n.d.), p. 97.

CAPÍTULO 6: ¡NO TE ESCUCHES TANTO!

1. Lloyd Jones, Martyn. *Spiritual Depression.* HarperCollins Publishers, 1998, p. 20. Existe una edición en español con el título *Depresión Espiritual* (Libros Desafío, 1995).
2. Lutero, Martín. Luther's Explanation of the Lord's Prayer, Sixth Petition («And lead us

not into temptation» [Y no nos dejes caer en tentación]), párrafo 161.

3. Mckernan, Bonnie. https://www.desiringgod.org/articles/lord-help-my-daily-unbelief.

CAPÍTULO 7: CAMINAR CON DIOS EN EL DESIERTO

1. Lloyd Jones, Martyn. *Enjoying the Presence of God* (Ann Arbor, Michigan: Vine Books), 1992, p. 133.
2. «She has done a beautiful thing to me» (Mr 14:6, ESV).
3. Calvino, Juan. *A Harmony of the Gospels Matthew, Mark and Luke and the Epistles of James and Jude, Volume 3* (Grand Rapids, MI: Eerdmans), 1975, p. 122.

CAPÍTULO 8: ALIMENTO EN LA ARIDEZ

1. Blanchard, John, *How to Enjoy Your Bible* (Colchester, Inglaterra: Evangelical Press), 1984, p. 104.
2. Plummer, Robert. *Preguntas y respuestas sobre cómo interpretar la Biblia*. Editorial Portavoz, 2013, p. 87.
3. Mathis, David. *Hábitos de gracia*. Proyecto Nehemías, 2017, pp. 70-71.
4. Keller, Tim. *Prayer*. Penguin Group, 2014, p. 18.
5. Núñez, Miguel. «¿Para qué oramos?», Ministerios Integridad y Sabiduría, 6 julio 2018. https://integridadysabiduria.org/para-que-oramos/

6. Whitney, Donald. *Spiritual Discipline for the Christian Life*. Nav Press, p. 103. Versión en Kindle.

CAPÍTULO 9: NO TENDRÁS SED JAMÁS

1. https://www.phrases.org.uk/famous-last-words/suicide-notes.html.
2. Keller Tim. *Encounters with Jesus*. Penguin Books, 2016. Edición en Kindle, pp. 29-30.
3. Keller Tim. *Encounters with Jesus*. Penguin Books, 2016. Edición en Kindle, p. 38.

ACERCA DE LA AUTORA

Paty Namnún es coordinadora de iniciativas femeninas en Coalición por el Evangelio y coanfitriona en el pódcast De la Biblia a la Vida, que ayuda a las mujeres a llevar los principios de la Palabra de Dios a su caminar diario, en su crecimiento espiritual, trabajo, familia, estudios, relaciones e iglesia. Trabaja para los ministerios de mujeres y matrimonios de su iglesia y es diaconisa en la Iglesia bautista internacional, República Dominicana. Tiene un certificado en ministerio del Southern Baptist Theological Seminary, a través del programa Instituto para esposas del seminario y un Diplomado en Estudios Bíblicos a través del Instituto Integridad y Sabiduría. Ama enseñar la Palabra a otras mujeres y proveerles de herramientas que les ayuden a manejarla con precisión.

Coalición por el Evangelio es un grupo de pastores, iglesias, y líderes comprometidos con la centralidad del evangelio para toda la vida y el ministerio. Logramos este propósito mediante diversas iniciativas, incluyendo nuestra página web, eventos, y publicaciones. Además, hemos unido esfuerzos con diferentes casas editoriales para producir recursos que enfocan nuestra fe en Jesucristo, y moldean nuestras prácticas conforme a las Escrituras.

Cuando un libro lleva el logotipo de Coalición por el Evangelio, usted puede confiar que fue escrito, editado, y publicado con el firme propósito de exaltar la verdad de Dios y el mensaje del evangelio.

TGC COALICIÓN POR EL EVANGELIO

www.coalicionporelevangelio.org